SAME TRAINING,
HALF THE TIME

高效能培训

实用策略、工具和战术

DELIVERING

RESULTS

FOR

BUSY

LEARNERS

Kimberly Devlin

［美］金伯利·德芙林 ——— 著

张家欢 ——— 译

ZHEJIANG UNIVERSITY PRESS
浙江大学出版社

图书在版编目(CIP)数据

高效能培训：实用策略、工具和战术／（美）金伯利·德芙林(Kimberly Devlin)著；张家欢译. —杭州：浙江大学出版社,2019.5
书名原文：Same Training，Half the Time
ISBN 978-7-308-19062-6

Ⅰ.①高… Ⅱ.①金… ②张… Ⅲ.①企业管理—职工培训 Ⅳ.①F272.921

中国版本图书馆 CIP 数据核字（2019）第 062917 号

Translated and published by Hangzhou Blue Lion Cultural & Creative Co，Ltd.，with permission from Maven House Press. This translated work is based on Same Training Half the Time：Delivering Results for Busy Learners by Kimberly Devlin. © 2018 Kimberly Devlin. All Rights Reserved. Maven House Publishing is not affiliated with Hangzhou Blue Lion Cultural & Creative Co，Ltd.，or responsible for the quality of this translated work. Translation arrangement managed RussoRights，LLC on behalf of Trainers Publishing House.

浙江省版权局著作权合同登记图字：11-2019-35

高效能培训：实用策略、工具和战术

（美）金伯利·德芙林　著

张家欢　译

策　　划	杭州蓝狮子文化创意股份有限公司	
责任编辑	黄兆宁	
责任校对	黄梦瑶　杨利军	
封面设计	水玉银文化	
出版发行	浙江大学出版社	
	（杭州市天目山路 148 号　邮政编码 310007）	
	（网址：http://www.zjupress.com）	
排　　版	杭州林智广告有限公司	
印　　刷	杭州钱江彩色印务有限公司	
开　　本	880mm×1230mm　1/32	
印　　张	8	
字　　数	165 千	
版 印 次	2019 年 5 月第 1 版　2019 年 5 月第 1 次印刷	
书　　号	ISBN 978-7-308-19062-6	
定　　价	45.00 元	

目录

06 如何让有限的培训时间变得有意义？

07 如何在培训室外进行培训？

08 是什么造就了成功的培训项目？

09 我努力的方向是什么？

10 能够让目标实现的工具是什么？

引语

用一半时间，做满分培训

● "我们的管理团队希望能将培训时间减半。"

● "我的利益相关者们期望在缩短课程长度的同时，学到与原来同样多的培训内容。"

● "公司的高层团队去参加了一个课程。回来后他们对我说必须要开展'微型学习'培训……但我都不清楚那是什么。"

● "任何的学习时间都不能超过 X 小时。"(X 一般代表 1 或 2)

● "我把幻灯片和演讲稿内容组合在一起后，还是被要求再砍掉一半。"

虽然细节各异，但当你接触了相关的学习部门后，你很可能会发出与上述言论中某一条相似的感慨。它们都与减少培训时间有关。值得一提的是，虽然减少了培训时间，但期望完成的培训内容却丝毫没有减少。看来你和你的同行培训专家只能期待有根魔法棒能让你们"用一半时间，完成同样的培训"了。

在时间有限的情况下，我们如何保质保量完成培训？

重重挑战不断推动学习需求的增加。

1. 听与学。 科技在内容传输方面的力量令人震撼。如今，不断提高的信息传播速度与交流速度使得许多人坚信培训可以速成，并且这种增长速度并没有放缓的迹象。但是实际上，内容传输与学习不能混为一谈。把最后一句话再读一遍——这是本书中的挑战的基础。

2. 香肠制作。 对于领导者们和管理者们——即使是对那些最厉害的学霸们来说——培训常常就像香肠一样，他们很喜欢吃香肠却不想了解它是如何制作的。然而既不了解构建一项有价值的学习活动的整个过程，也没有意识到在自己没有参与讨论的情况下"已有决定"的影响，使得许多项目发起人提出了误导性的要求。

3. 高质量课程之诅咒。 当一个项目设计得非常好，它就会显得很简单。但是创造这种简单的过程可能非常复杂。一些教学设计者的设计成果非常高效、清晰、直接，以至于其他人很难意识到创造这样一个成果所需的投入，以及为了创造它而不得不放弃的东西。而这会使期望产生偏差。

4. 懒惰的学员。 就像仅仅躺在沙发上收看一档"减肥挑战"真人秀节目其实并不会让一个人的腰围减小一样,被动地倾听某位技能专家讲课,对于学习那项技能也几乎没有帮助。学习并不是一件被动的事情。它需要我们付诸努力,而当课程设计中没有构建出清晰的框架来引导学员努力时,懒惰的学员就应运而生。由于懒惰的学员们不学习,管理者们就认为学习活动是浪费时间。这就会导致他们在未来的学习活动中投入更少的时间。

5. 带薪假期的培训模式。我们往往在糟糕的培训项目以及目光短浅的设计方案上付出很高的代价。当投入大量时间、精力和金钱去提高员工们的技能,而培训过后他们的表现仍与之前一样时,管理者将这段培训时间看作员工的带薪假期并没有什么不对。即使员工们学会了这项技能,并且在接受培训后开始改变他们的行为,但如果因为缺乏远见的设计,没有人去肯定、追踪、测评或巩固这些改变,最终员工仍会回到以前的工作模式。那么当然,培训也是毫无成效的。管理者又一次地巩固了他们的想法:培训时间=浪费时间。于是,他们愿意用于培训的时间就会更少。

我敢肯定你们中的大多数都能从自己的经历中列举出更多的理由。希望你们能来我的博客分享,我的博客地址是:Kimberly Delvin.com。

魔法棒与仙女粉——无限期缺货

10磅重的培训目标能塞进一个只能承重5磅的袋子里吗?这就是要求在一半的时间内完成同样的培训所面临的难题。而且推特上也没有快速解决的合适方法。事实上，缩短培训时间本身可能需要花费更多时间。据说马克·吐温（Mark Twain）曾经说过这么一句话："我本该给你写封更短的信，但我没有这个时间。"①姑且不管这句话是不是他写的，这句话同样适用于你试图将同样的培训内容塞入更短时间的挑战。

目前，为了努力实现这个目标，你和你的培训团队可能是这么做的：

● 将问题转嫁给学员，给他们布置一堆预习任务；

● 减少应用活动；

● 省略必要的基础知识以及练习简报；

● 以"我们可以下次再讨论剩下的内容"结束课程；

● 花费许多夜晚和周末试图为并不会带来意义的项目创造不合适的可交付性成果，并试图赶上不切实际的截止日期。

那么，这么做的目的是什么？是在午餐室里偷听到员工们对痛苦培训的抱怨？还是在项目进度单上最后的"培训完成"旁打钩？或是看到评估表上来自学员们的"培训中成堆的数据令人喘不过气"的评论？

有舍才有得

你无法在一半的时间内得到与之前完全一样的培训，但你可

---

① 原文为 I'd have written you a shorter letter, but I didn't have the time.——译者注

以在一半的时间内完成比之前更好的培训。事实上,这就是本书要带给你的好消息:

● 你可以通过完成更短时间的培训取得更有意义的结果。

● 你可以将现存的计划压缩成具有商业价值且更简短的项目。

● 你可以满足学员们对于高效的渴求,以及他们希望学习体验能够尊重个人时间以及注意力持续时间的需求。

● 你只需通过更短的时间就能完成原本需要花更多时间的项目,不仅如此,你还能取得更好的效果。

● 最棒的一点是——这本书中的策略并不是教你继续以极快的速度完成那些可能错误的培训要求,而是你可以从被动地按照培训要求做出反应转变为主动地掌控你的整个培训!

若想花一半的时间取得更好的培训结果,你无疑会接触包括设计各种选项在内的一些内容,而本书的第五、第六及第七章囊括了这些内容。但是更好的培训很有可能需要额外的前期时间来形成解决方案,毋庸置疑地,也需要有选择性地筛选内容。所以,前几章主要教大家制定战略,学会如何获得更多时间,更快地缩小范围,获取一份更完善的可交付性成果清单,以及其他重要的方法,当然也会教给大家如何从大量内容中提炼出最重要的信息。准备好了吗?

本书将如何帮助你在减负的同时实现高效学习？

你是否想要通过建立广受欢迎的项目，而取得一定威望？你是否想要提高你的技能，从而创造出真正能帮助员工们有更好表现的项目？你是否想要你的商业伙伴称赞你的学习培训是实用的、针对性强且有附加价值的？那么你是否愿意在保持生活与工作平衡的同时完成这些期望，并乐在其中呢？

首先从认清你在培训中所扮演的角色开始。请选择最接近你在组织中如何参与培训部门工作的描述选项：

■ 我是一个教学设计者，每天都要面对这些挫败。

■ 我是一个人力资源（HR）专业人士，每天夹在提不切实际要求的企业和努力实现这些要求的培训伙伴之间。

■ 我是管理团队的一员。是的，我确实提出要求"用更短的时间完成全部内容的培训"——我们真的没有奢侈的大把时间去开展学习活动，我们需要员工走出培训室就能现学现用。

■ 我是一名专业人士，常常被称为专家（SME），我经常收到去培训别人的任务，但我自身却没有任何成人教学的背景，我有时感觉难以驾驭。

■ 我是一名培训师。当我努力向学员灌输所有内容时，总能看到他们挣扎着消化巨量信息的样子。

接下来，记住你的选择，开始考虑本书中的哪个方法是最适合你的。

选项一：顺序学习法

　　如果你从事的是以下职业，也许按顺序阅读并读完所有的章节最适合你（里面会有一些练习需要完成）：

- 你是一个教学设计者。
- 你是一个人力资源专业人士。

　　前几章中提出的咨询技能将会帮助你获得——或重新获得你所忽视的工作或项目的控制权。通过运用这些技术，你将获得在项目方向上新的影响力以及商业合作伙伴的尊重，这将进一步提高你在完成后面章节中设计选择方面的效率。那么，所取得的成果是什么呢？你提出的创新设计方案将会遇到更小的阻力，你也将在整合与开发这个方案时有更多的乐趣，同时这个方案也会带给你、你的合作伙伴以及你课程中的学员们更好的成果。

选项二：跳序学习法

　　关于第二个选项，先让下面方框中的学习路线来指导你如何浏览章节、操作工作表以及运用资源。如果你符合下列描述：

- 无论你所担任的是什么角色，你现在有一个急需解决的特定项目挑战。
- 你是一个培训师，你希望在你所教授的海量内容里能注入互动元素。
- 你是一个管理者、精通某一领域的专家或者人力资源专业人士，正在为一个设计项目寻求案例与灵感，以找到有效的方式为项目做贡献。

无论你是何种身份，在探索具体策略之前，你需要了解成人学习的基础以及结构设计过程中的科学。

帮助你快速找到你需要的内容的路线

● 目录：大致了解每一章的作用，以及每一章所包含的问题。这些问题会引导你面对需要解决的一些即时挑战。

● 第一至三章：在应对具有挑战性的培训要求前，这几章的重点是通过培养你在项目管理和项目设计方面的咨询技能，来管理客户的期望。

● 第四章：学习一个简单却不能过分简化的过程，即从所有课程里可能有价值的内容中提炼出真正重要的信息。

● 第五至七章：善用你的设计选择。确切来说，是如何对一个学习活动的开始与结束进行延伸，如何在学员参加课程前做好成功的定位和活动期间对成功的归化，以及如何在活动结束后保持学员改变行为的良好势头。这些章节将帮助你在所有工作培训中取得成效，即改变学员的行为，并将你时间紧迫的学习活动转变为广受欢迎的、结果驱动式的学习体验。

● 第八章：第一部分将为有经验的学习与发展（L&D）专业人士设立一个标准，并将为具有有限教学设计经验的管理者、专家或培训师们提供简明的教学设计理论和过程框架。第二部分是通过非教学设计者的视角来研究这个问题。例如,作为一个与设计师合作的管理者,你如何为他提供最好的支持,并消除实现预期结果的阻碍?作为一名培训师,当你被告知培训时间需要缩短,却没有任何教学设计者帮你缩短课程长度以及决定保留和删除哪些内容时,你又该做些什么呢?如果你的教学设计经验有限,请从这里开始学习。

● 第九章:不断暗示自己,在一半的时间内完成更好的培训是在你的能力范围之内的——事实上,它的确完全在你的掌控之中!

● 第十章:使用工具。这一章囊括了工作表、评估表以及辅助工具,这些将帮助你仅用一半的时间创建更好的培训活动。

这本书主要面向的读者是教学设计者,因此采用了这样的结构,书中的语气也是直接针对教学设计者的。如果你符合设定,那很好。但如果你不是,那么可以将这本书看作一场对话——就好像坐在教学设计者和"我"之间,听我们讨论一样。你可以从中获取对自己项目有益的策略与指导,你也能在这种讨论的形式中收获许多能让你的学习进程变得更高效的方法。

你还需要使用第十章中的工具进行评估,并开始你的行动计划。

你能行！ ——只要有本书相助

不管你在帮助人们更好地学习和完成工作中扮演的角色或专业水平如何，你担任这个角色都是有原因的。也许是你的文凭、你在不同部门中所展现的技能，也许是他人认可的天赋或其他因素。直到现在，你都一直努力工作以达到期望。同时，但从现在开始，你可以试着做得更聪明，甚至超过预期。同时，你还能获得更多乐趣。

紧迫的时间往往是教学设计中需要解决的一个难题。但这也是一个绝妙的机会，能够实现创新，探索创造性的选择，并找到新的方法来达到更好的成果。没有一种绝对正确的方法能仅用一半的时间就得到更好的培训，但有一件事是确定的：糟糕的培训活动对所有人都无益。你可以利用本书中的策略、想法和资源，在组织的决策谈判桌上获得一席之地，发展新的伙伴关系，与你的学习活动发起人建立更好的关系，并设计出高效且学员能乐在其中的学习活动。无论时间紧迫与否，这本书都会助你一臂之力！

01

如何完成不可能
的任务？

五步式交流策略教你调整期望值

你可能已经形成（或接受）了"自己不可能在一半的时间里完成全部的培训"这种想法，那么想要完成在一半的时间内提供更好的培训这件事，第一步（即第二章）是要学会管理期望，而这个目标需要有说服力的沟通策略来达成。我制定了一种沟通策略——5A 策略：感激（Appreciate）、肯定（Acknowledge）、询问（Ask）、提出顾虑（Apprehension）和替代方案（Alternatives）。5A 策略将会帮助调整你的项目期望值以及：

- ✓ 与项目合作伙伴之间建立融洽关系；
- ✓ 收集关键的需求分析信息；
- ✓ 提高你在专业水平与技能上的价值；
- ✓ 为学员提供更好的学习体验；
- ✓ 从最终形成的学习方案中获得更好的组织成果。

我们先来回顾一下。如果你的客户、股东以及执行团队对创建高质量的学习活动十分推崇，那你真的很幸运。他们也许不能完全理解整个过程，但他们却认同这个过程。他们也十分信任你，认为你有能力带领他们实现目标。如果你属于这种情况，先放下这本书好好谢谢他们，因为他们会让你的工作轻松愉悦。这也让你能把时间都投入实际行动中，而这些行动能够转化为员工参与培训的实际成果。（我没开玩笑，快去感谢他们！）当你和这些具有协作意识的员工进行关于项目计划要求的课程时，5A 策略的运用将会变得非常简单。

相反，如果你没有那么幸运，那就先抓住一个重点——当你继续项目时你会需要它的！无论你在什么样的公司，通常，教学设计者创建学习活动的第一项任务是进行"嵌入式学习活动"——教育客户。在你讨论项目需求的时候，运用 5A 策略能提供一个框架，引导客户取得更好的学习成果。如果坚持使用这种策略，你的工作环境也会转变，而你的知识与能力将会得到认可与重视。

无论你在哪个阵营，一旦你收到"只花一半的时间做出更好的培训"的要求，你就应该在行动之前思考如何调整期望值，也可以理解为对可交付成果的控制。这可能意味着用新的或创造性的方式来分配工作量，找到双方都满意的培训时长，或者为你争取到更多时间来开展培训活动。这甚至可能意味着形成完全不同的结果（例如，最终的活动设计可能是一系列嵌入在现有员工课程中的由领导者主导的活动，而不是单一教学者主导的短期课程）。调整期望这件事可大可小——但无论如何，它都是极其重要的。有关调整期望值的其他事例，可参见表 1-1。

如果你认为在你的工作中，培训要求没有商量余地，那么在你说不可能调整之前（还是说太晚了？你已经说了？），我想说的是，一切都是可以商量的，只要你勇敢踏出这一步。你可以着眼于投资长期收益，就像教练会专注于赢得赛季的胜利而不仅仅是赢得其中一场比赛一样。你也许无法通过谈判获得更多的课程时间或更少要求（就像输掉了一场比赛），但如果你从更长远的角度去为后续的培训进行协商，那么你很有可能在未来的所有项目中获得更多时间或缩小范围（这意味着，赢得赛季的最终胜利并把奖杯带回家）。

表 1 – 1　调整期望值

一旦调整了期望值……		
……1 厘米或 1 分米	……50 米	……1 千米
● 对该项目采取分阶段的方法。可交付成果可能不会改变，但实施时间表可以。 ● 将要求或设想中的培训交付渠道变得更符合学员需求。 ● 从请求培训项目的团队中获取支持和资源，以减轻你或你的团队在时间上的负担。	● 将你的线上学习课程内容分为三类，并让学员选择他们参与的等级： ①核心（必修）； ②关键（强烈推荐）； ③补充（可选）。	● 将一个由教学者主导的短期培训要求转变成一系列嵌入在现存员工课程中的由领导者主导的活动。 ● 扮演"魔鬼代言人"（故意唱反调），通过提问"如果我们没有接受过这个培训，会付出什么代价"来引出对替代解决方案的讨论——例如培训时间更短或根本没有培训。

运用 5A 策略管理期望值

要想调整期望值，你在沟通时必须要有说服力。当你（培训专家）的意见和他们（培训计划发起人）的意见发生分歧时，发起人的意见通常会胜出。所以，你需要选择一个更好的策略，而不仅仅是提出意见——你可以通过综合运用 5A 策略，即感激（Appreciate）、肯定（Acknowledge）、询问（Ask）、提出顾虑（Apprehension）和替代方案（Alternatives），来做到这一点。

将 5A 模式策略与你的实际情况相结合，请在下列选项中选出与你当前所面临的挑战最接近的情境，或者写下你自己的情况，并在开展后续步骤时牢记这个情境。

● 一个业务部门希望开发一个为期半天的课程，并为你列出了足够多的学习目标，希望你能保证这个半天课程内容的多样性。

● 数据显示，学员正在放弃一个时长 45 分钟的、自定进度的线上学习课程，完成度不到一半；主管要求你把课程时间缩短到 20 分钟以内。

● 你需要将一个为期 3 天的现有课程升级成一个定制版本。提出要求的机构希望将课程分为 5 或 6 次，每次时长 1 小时，课程内容要"一针见血"，"去除那些与主题无关的内容"。

● 你需要为新客户改进一个项目计划。在查看了学习目标和主题后，他们要求你删除某些部分，但他们想要删除的部分恰好是实现其目标的基础。

● 负责招聘的部门高管告诉你，因为她需要新员工在午饭之后到仓库做好操作准备，所以之前计划为期 1 天的新员工入职培训需要精简成半天，但仍需涵盖所有培训内容。她提议，如果去掉所有浪费时间的社交环节，只告诉新员工他们需要了解的东西，就不会太难。

● 你需要应对的其他事情：＿＿＿＿＿＿＿＿＿＿

＿＿＿＿＿＿＿＿＿＿＿＿＿＿＿＿＿＿＿＿＿＿＿

（注意：第十章所包括的评估表、工作表和辅助工具也能帮助你使用 5A 模式。但现在，在初步了解 5A 模式时，清楚并记住你目前所属的情况就足够了。）

接着，将你的具体情况牢记在脑海中，接下来是对 5A 模式的深入解析。

第一步：感激——对于自己能参与即将展开的项目表达真挚的谢意，并加深对客户需求的理解。

第二步：肯定——认识到客户需求的重要性。

第三步：询问——理清客户要求中的具体细节，并为其他可能性创建空间——客户所提的要求可能不是最佳解决方案。

第四步：提出顾虑——以非对抗方式提出你对项目的一些主要担忧。

第五步：替代方案——提供其他的选择方案，这些方案需要把你在前面几步中所了解到的内容考虑进去，并结合你的经验和专业技能。

要实施 5A 沟通模式,不能让你自己唱独角戏,而应该是由 5 项循序渐进的元素所构成的对话。本章的剩余部分将会剖析这个沟通模式的基本结构,解释每个元素的含义,辅以相应的对话应用(举例说明)以及相关建议。阅读下面的小贴士,可以帮助你了解如何将 5A 模式运用到你的日常工作中。在本章的末尾,有 5 个不同的工作情景示例。但不要跳过中间内容直接去看那些工作情景示例,请先保证对 5A 模式有了基础认识,再去参考实际情景示例。

小贴士

如何让 5A 模式为你所用

5A 模式可以成为管理利益相关者的期望值的有力工具。为了获得最好的效果,请谨记以下几点。

个性化:

● 调整脚本。使其符合你的个性,同时又保持每个步骤意图明确。

● 编写自己的语言样本。当你在阅读本书时,就可以做起来了。

● 修改语言表述。根据你的项目、发起人和组织文化量身定制表述。

准备工作：

● 了解情况。对项目、部门以及学员进行研究。

● 起草计划。根据你之前的研究,写下一些有关计划的关键词。牢记这句话：糟糕的计划是失败的一半。

● 为你的计划预设修改方式。考虑用多种方式,将你的计划与你在讨论中获取的信息按顺序相连。

● 带上你的计划,以备在需要之时作为参考。

实践：

● 熟记你的开场白。将致谢作为开场白(参考第一步)。

● 努力让你的表达更自然。强烈建议你与同事共同完成一些幕后练习,这能帮助你在沟通时更加自然、有逻辑且不费力。如果这种问询和沟通的方式对你来说比较陌生的话,这种练习就更加必要了。

第一步：感激（Appreciate）

培训是项消耗性活动。这可能是个令人难以消化的概念,但确实如此。内部培训团队是成本主体,而外部咨询顾问则是额外开销,培训活动因为需要员工暂离工作岗位就产生了机会成本,但实际上许多课程并未让员工在绩效方面有可观的进步。你也可以从自身经历出发,为"培训是项消耗性活动"列出你的理由。

基于以上种种原因，每当你收到需要提供学习方案的请求时，应该心存感激，并向对方表达这种感激之情。培训发起人拥有是否发起学习培训活动的决定权，而他们选择认为培训很重要——记住这一点会对你很有帮助。

> **小贴士**
>
> 真挚的感谢是极其重要的。这不仅要体现在语言上，更要体现在行动方面。

请思考下列哪一种表达感激之情的方式更适合你。然后再补充一些，以备不时之需。

- "谢谢您给我这个与您共同探讨的机会。"
- "很感谢您认可培训有提高员工绩效的效果。"
- "很荣幸能和您的团队一起探讨需求问题。"
- "感谢您能让我和您共同解决这个问题。"
- "我很感谢您能预先告知我这个项目的要求，这很难得。"
- "谢谢您选择了我。"

_____

_____

_____

如果你带着敏锐的眼光读这些句子，就会发现它们都表达了能被邀请加入项目的感激。这些表达方式有意识并有战略性地没有提及具体的最终成果，而是运用了"留白"的艺术。如果你刚刚没有察觉到，请尝试将上述表达与下列错误例句进行对比。

✘ "谢谢您让我来为您缩短这门课程。"

✗"我很欣赏您认为这个新方案需要培训的支持这一看法。"

✗"谢谢您让我来安排这场培训活动。"

✗"衷心感谢您预先通知我对课程开发的需求。"

第二组表达方式的风险在于你从对话一开始就承诺了一个具体的结果——缩短课程或开展培训。但这可能并不符合项目申请人或学员的最大利益。

在比较了两组致谢表达后,再重新回顾一下你所写的内容。思考一下它们是否有待改进,如果需要的话请将重新改写的版本写在下面。

- _____
- _____
- _____

"感激"这一步包括两种形式:感恩与理解。在表达了真挚的感谢(上文所提)后,你会希望尽可能多地了解项目请求者的设想,从而增进你对其思维方式的理解。这样做能使你更好地进入下一步——"肯定"——的讨论。你也可以通过提一些比较宽泛的问题来收集信息,从而提高自己的这种意识,例如:

- "能告诉我您现在为什么要这么做吗?"
- "这个培训要求的推动力是什么/谁?"
- "您是如何想到要提议这一行动方案的?"
- "您有考虑过或尝试过其他的替代方法吗?"

认真倾听。做笔记。进行眼神交流。点头以表达对关键点的认可。必要时，提问。

对项目要求如何而来有了肯定的把握，你就可以开始讨论"肯定"步骤，然后再过渡到"询问"步骤。

第二步：肯定（Acknowledge）

第二个要素，即肯定，就是要认可项目发起人所提要求的重要性，注意要保持中立的态度。

我有一个在练习合气道（Aikido）的朋友。从他那里，我了解到阻挡一拳需要具备与打出这一拳同样的力量——就是说，一拳中带有的能量越多，阻止它所需的能量就越多。相等的力量只能用来抵消双方的碰

> **小贴士**
>
> "感激"与"肯定"这两个步骤是为了建立关系。
>
> 你在这些步骤中所表现出的尊重将有助于你与项目合作伙伴建立融洽关系。

撞。而想要逆转这撞击的方向，只能施以比对方更多的力量。也许是我说得太过简单了，但据我了解，在合气道中防守者只有两种选择：第一种，施以能量——以同样的力量（阻止它）或更大的力量（改变方向）。第二种，混合能量，先让对手前进，然后结合他们的动量和自己的能量来更轻松有效地改变方向。合气道（Aikido）的哲学在于每个字分别包含的意义：Ai＝协调，Ki＝能量，Do＝方式。

如果想验证项目发起人所提的要求是否表达了他们真正的需

求,我们可以将合气道的原理应用在"肯定"步骤中。对项目发起人的要求表示肯定,就相当于我们将它本身的能量和前进的动力相结合(合气道中防守者的第二种选择),而不是试图用力量阻止它并使其转向(防守者的第一种选择)——比如,详细列出这个要求是错误的、不满足真正的需要或不会有效的原因。正如我祖母过去常说:"蜂蜜比醋更能吸引蜜蜂。"所以在这个过程中,请保持耐心:改变方向将在步骤5——"替代方案"步骤中进行。

因此,"肯定"这一步的目标是在还没有承诺交付项目发起人所要求的某个具体成果时,对其要求(和项目发起人)表示肯定。在这一步中,你正在准备过渡到对话的探索阶段。

你可以考虑为表达"肯定"的陈述选择以下几种开场白,这些陈述需要表现你对所了解到的要求和项目发起人有一致的想法:

- "我理解这有多重要。"
- "我明白您的处境。"
- "当然,员工/团队在改变过程中的确需要支持。"
- "是的,我同意时间很宝贵,我也发现了您的团队在工作时遇到的限制。"
- "我知道您为此提出了很多想法和建议。"
- "我知道您是如何走到这一步的。"
- "是的,我很理解您的难处。"
- "正如您已做出的安排一样,这很合理。"

与合气道不同的是,你的项目合作关系不应该是一场博斗——但愿如此，而最好能是协作、伙伴关系，或者至少应该是真诚的工作关系。当然也有一些项目参与者总是非常严苛地提出一些具有误导性或挑战性的要求。然而通常情况下，他们只是不了解一个成年人从学习到掌握一项技能，并将其转化为工作表现需要怎样一个过程而已。同样地，他们很可能有个问题需要解决，并认为你能够为其提供解决方案。因此，对他们的处境表现出同理心，并在讨论时设身处地为他们着想就显得非常重要。举个例子，你的客户可能正急需答复高层领导，也可能正在执行一项快到截止时间的紧急任务，或者视你和你的培训活动为他们亟待解决的问题的最后希望。真诚地为对方考虑，无疑为项目建立了合作基础，这也有助于你在后续步骤中获得成功。

第三步：询问（Ask）

在真诚地表达了感激之情以及对要求重要性的认可之后，第三步是"询问"，即通过问询与重述的方式进一步明确要求，同时帮助客户开拓思维，找到更多的可能性。这并不是迫使对方同意你比他懂得更多，而是通过策略性的询问为其树立一面镜子，好让对方看清自己所提的要求是否是他真正想要的，还是说他也能接受你所提出的替代方案。

这是我常用的万能问句：

● "我对于……的理解对吗？"

不要误以为提这个问题很容易。请记住，"询问"步骤是指用策略性的问题来推进对话，以便更轻松自然地转变话题方向。

在使用万能问句，即"我对于……的理解对吗"时，大家常犯的错误是照搬原样地重申客户与你分享的一系列期望蓝图。举个例子，在文本示例情景5——仓库新员工入职培训（NEO）的场景中，应避免说："您希望我能将当前8小时的新员工入职培训以半天的形式完成，同时确保所有的培训材料都能涵盖在内，并使新员工完全符合入职标准。我这样理解对吗？"

相反地，应将对方所述的预期结果分解成各自独立的部分，这将为最后的解决方案是否需要安插这些部分创造更大的灵活性。应该巧用对话技巧，而不是连珠炮似的一句接一句。这里有个例子。

思考图1-1中的询问会话示例流程。

> "您现在最主要的目标是减少新员工入职培训的时间长度，我这样理解对吗？"（注意：这样问的话，具体的时间目标"半天"就被排除了。）

> 等待其做出回答。

> 如果答案是否定的，确定什么才是最主要目标。
> 如果答案是肯定的，你可以询问："是什么让4小时成为理想的时间目标？"

> 根据对方的回复，你可以接着问："那么，我们可否有一定的灵活性？"

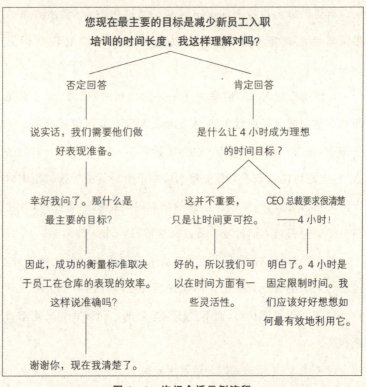

图 1-1 询问会话示例流程

我们现在从这里过渡到这个要求的第二部分，即"确保所有的培训材料都能涵盖在内"。同样还是这个示例情境，提出下列问题也许比较合适：

●"您能告诉我更多关于保留所有培训内容的想法吗？"

●"您有空和新员工谈谈吗？看看他们目前是如何使用当前计划中的所有材料的？"

●"目前的培训内容从何而来？您能跟我分享课程设计的过

程吗?"

- "请问现有课程是什么时候开发的……这样我就能知道是否有内容过时。"

在对当前内容进行了探讨之后,是时候对要求中的核心内容进行讨论了,即"使新员工完全符合入职标准"。这可以通过下面几个问题来展开讨论:

- "您所指的'完全符合入职标准',确切来说是指什么呢?"
- "培训中新员工们应掌握哪些基本知识与技能?"
- "我们该如何确定新员工对培训内容的掌握情况?"

现在,对比上述新员工入职培训的案例,花几分钟想一想你自身的情况。哪些示例表达可以为你的实际情况所用,或者满足你的需要?你还会使用除此之外的其他表达吗?记住,通过询问的方法来解释对方的要求,从而明确对方要求中哪些部分具有灵活性,哪些是固定限制。这些信息将帮助你在提出替代方案(第五步)时,获得最大的支持与接受度。

询问这一步,通常是整个对话中占比最大的部分。在这一步,你旨在细化对方初始要求中的每个部分。以开放式的问题切入,然后以试探性的问题跟进,从而明确答案,并准备好对话可能涉及的各个方向的问题。

第四步: 提出顾虑(Apprehension)

要实现第三步到第四步的过渡,可以使用下面的套句切入:

●"我有一个顾虑……"

如果这句话让你感到有些<u>咄咄逼人</u>，表1-2列出了几种能够让气氛缓和下来的表达。下面的每个示例都有不同的优先考虑因素——基于此前的对话，可能存在的优先考虑因素数量不定。

表1-2　第四步：顾虑的相关表达

开场	"我有一个顾虑……"
接着	"……事先声明，我们可以克服它。"
然后陈述你的优先考虑因素	"我在担心，如果我们优先考虑的不是保留或删减的内容，只是大幅度地缩短时间，学员们就会像对着高压水枪喝水一样，感到不堪重负，而无法学到什么。我还记得我第一天来这里时，就有太多东西要学习消化。"
开场	"我有一个顾虑……"
接着	"……与其说这是个顾虑，不如说是我观察而得出的。"
然后陈述你的优先考虑因素	"我只是在尝试理解您所分享的内容，如果您坚持的项目成功标准是新员工在仓库的工作效率，那将每个员工的最佳利益而不是课时长度作为最主要的考虑因素更为妥当。我已经有了许多想与您分享的想法，这些想法都可以提高每个员工的最佳利益。"
开场	"我有一个顾虑……"
接着	"……我正在让它变得现实可行。"

然后陈述你的优先考虑因素	"在我听您讲话的时候,我记录了能使您这个想法取得成功所需的可交付结果。请相信,我为您看到了其中的价值而感到非常高兴。但事情是这样的:除了课程本身之外,我们还需要建立评估工具、辅助工具、管理支持工具、沟通计划和信息传递的方式,以及对培训师的培训。这些都是到目前为止我们已经确定的工作内容。我真正担忧的是时间表。为了做好这一切,我们真的应该重新考虑之前拟定的最后期限。"
开场	"我有一个顾虑……"
接着	"……我有信心我们可以解决它。"
然后陈述你的优先考虑因素	"我意识到,目前 8 小时的课程内容和设计不尽如人意。所以,我认为把同样的材料压缩到更短的时间内,并不能让新员工掌握您想要他们学会的东西。话虽如此,我的优势之一就是制定能够直接满足企业需求的学习目标——这将有助于我们改进内容,使其真正为新员工所需。我们甚至需要用一些新的学习内容来替代之前的内容。"

如果觉得"我有一个顾虑……"的语气仍然太过强硬,不妨试试用以下句子来替代:

- "我们当然可以那么做。只是我在想……并考虑如何尽可能避免……"

- "我们当然可以那么做。只是我担心您无法得到预期的效果。"

进入了对话的这个阶段,你实际上可能想提出多个问题。先确定哪个是你最关心的问题并由此展开你的对话。如果还有其他问题,请抓住机会,使用以下表达将它们融入讨论:

- "您提出的这点非常好。我们也可以考虑一下。"

- "既然您提到了这个,我还有另一个问题想向您请教……"

- "您和您的团队是否已经……了,或者我们现在是否有必要考虑一下这个选择呢?"

试一试

"我一直听您说是有限的预算限制了培训时间。那您能否回答我,这是否与开发成本有关?还是预计的材料成本?或是预订培训场地的费用?还是别的什么原因?只有更清楚地了解限制条件,我才能更好地改善或解除这些限制条件。"

- "培训团队是如何支持您解决……的?"

当然,在这个阶段也要做好笔记。因为你需要将请求者与你分享的评论与想法融合到下一步骤中,即"替代方案"中。

第五步: 替代方案（Alternatives）

通过最开始的"感激"与"肯定"步骤,你与请求开展培训的人已经有了互相尊重与信任的基础;又通过"询问"与"提出顾虑"这两步为项目创造了弹性空间;接着便来到了最后一个步骤:替代方案。这个步骤可以将客户的期望值移向更现实可行的、更重要的、更有益的目标。

　　基于最初要求培训的人与你分享的初步想法以及你所做的调研准备,你可能会带着有关项目发展最佳方向的想法参与关于项目内容的讨论。理想的情况是,在会议期间,你已经根据在讨论中获得的信息修改和调整了这些想法,现在是时候提出你的替代方案了——或者,对于复杂的请求,提出你将会在不久后呈现给大家一个替代方案。

当场提出替代方案:

　　假设你选择了当场提出替代方案,那么请务必为其建构一个框架,以确保:

> **小贴士**
>
> 　　带着你的替代方案重新召开会议并无大碍。重新召开会议可以为你提供一些时间来思考你即将提出的选择,从同事那里得到反馈,并构建对交付成果、时间、成本、分工、职责等的实际展望。

　　✓ 在你提议的替代方案中保留初始要求的要素。

　　✓ 与你之前成功的项目和经验进行比较。

　　✓ 明确说明你的替代方案将如何使要求开展培训的人受益。

　　考虑用以下"开场白"切入替代方案:

　　●"当您建议我们……时,我受到了启发,产生了这样一个想法……"

　　●"我已经了解您是如何走到这一步的。不知您是否可以聆听下我的见解和一些略有不同的想法?"

　　●"乍看,这也许与您所要求的完全不一致,但其实它们有相同点,我相信这将是助您实现目标的好方法。"

● "我想您是一个能包容其他想法的人。不知您怎么看待……"

● "我想跟您分享一些想法，听听您的意见。"

当你呈现替代方案时，可以使用以下表达将你的想法和项目发起人的想法以及与其希望实现的目标联系起来：

● "您建议我们……我认为我们是该那么做（或者你赞同的某一具体部分）。我只是想补充一下，我们也应当……"

● "如果我建议考虑一下……您怎么看？"

● "基于我以前的项目经验，我有信心更好地完成您的目标，如果我们能考虑……"

● "根据之前项目的相关经验，我想提出一些替代方案供您考虑。"

● "基于我以前做过的项目，我建议……"

● "我不断地在考虑，我的想法是……我实在很喜欢您在……方面的投入。"

● "所以，如果我们……"

● "如果，我们不选……而是……"

● "您知道我认为实现您这个项目真正的关键是什么吗？我建议我们应该考虑一下……"

如果你遇到了阻力，以下表达可以既让你坚持自己的想法，而又不被认为是固执己见：

● "当然，最终的决定权在您手上。我只是强烈建议您能考虑一下……"

- "我认为我们该持有一种开放包容的思想。"

- "如果您仍然对其他的想法持开放态度，这些想法在我看来将有助于给您带来更好的结果，我很乐意把它们整合到一起呈现给您。"

- "我真的希望您这个项目能取得成功。我可以模拟一些我设想的例子供您参考吗？我们可以一起讨论下这些例子，看看哪种方法最有效。"

随后提出替代方案：

现在让我们来考虑第二个选项——先结束会议，下次再提出替代方案。如果当场提出替代方案是不可取的，又或者是其他原因一，比如时间紧迫，你的想法还未完全形成，你想要再参考一些之前的项目，你需要查看一下已做出的承诺来确定时间表，等等，那么这里有一些表达，你可以用它们来结束讲话，争取更多的时间回去完成提议。典型的过渡表达大概是这样的：

> "谢谢您所分享的一切。我觉得我现在对您的目标和限制条件有了更深刻的理解。"

> "我认为我们还有其他的选择。有选择总是好事情。"

> "根据您分享的一切以及我脑海中产生的一些想法，我想为您制定一些新的方法。可否给我10天时间准备？"

在这种情况下，当你重新召开会议提出你的替代方案时，请务必在第二个会议中加入第一个会议中获得的信息。继续使用"感谢"与"肯定"的相关表达将有助于进一步建立融洽的合作关系。在进行"询问"步骤时，将你的建议与项目的灵活度结合在一起将在很大程度上为发起人提供"创意所有权"——这将有利于他对你提议的认可。随后务必要运用"提出顾虑"策略，向他解释这个提议是如何解决问题的。举个例子：

"真的很荣幸、很激动能和您一起参与这个项目[感激]。当我为您设计替代方案时，我反复翻阅了您为我们第一次会议起草的提纲，非常感谢，它对我的工作帮助很大[肯定]。实现您的目标，必须将学员的学习环境与工作环境联系起来，想到这一点时，我尤其激动[询问]。还记得您是这么说的……这给了我一个启发，让我想到……[询问和肯定]。这个想法的巧妙之处在于它消除了我们对于……的顾虑[提出顾虑]。我发现了一些应用活动，它们可以让我们（说出你的提议中的具体细节）……[替代方案]。"

5A 法在五个情景示例中的应用

以下是关于本章前面介绍的示例情况中 5A 模式如何运作的一些概述。你现在应该已经对 5A 模式有了一定了解，也阅读了相关的表达范例，根据自身的具体情况制定了一些专属表述，并将你的实施想法与这些进行比较。请注意，本书中只呈现你这一方的说话内容；而实际上，你需要确保与项目发起人进行对话。

阅读完这一部分后，请完成第一章的评估：使用5A模式对第十章的期望值进行调整。第十章中还提供了一个使用5A模式调整期望值的工作表以及一个用5A沟通模式调整期望值的辅助工具。这个辅助工具列表囊括了本章中介绍的所有示例表达。

情景1 一个业务部门希望开发一个为期半天的课程，并为你列出了足够多的学习目标，希望你能保证这个半天课程的多样性。

● 感激——谢谢您让我跟您一起讨论这个项目。

● 肯定——显然您已经对此深思熟虑过了。感谢您向我提供您关于学习目标的工作列表。

● 询问——您认为在此列表中，哪些内容是最重要的？换句话说，哪些是学员成功的基础？您最希望让学员掌握什么？

● 提出顾虑——其实我有些问题想问。当我第一次查看这个列表时——不要误会我的意思，这是一个很棒的列表，这些内容都很有意义——但是当您告诉我这一切都是必不可少时，我认为这些内容需要多次课程才能真正实现它的目标。我相信您也希望学习可以有效，不是吗？

● 替代方案——所以，我想知道该项目是否可以有些<u>灵活性</u>改变。例如，您是否愿意考虑将学员聚集在一起进行多次培训？或者，我们是否可以提出这样的解决方案，设计一些自定进度的学习活动，让学员对其进行选择性学习？还有，将一些非关键内容作为辅助工具是否会更好？这些只是我的部分想法。因为我听您说所有内容都必不可少，我也知道我们都希望确保学员能够获得成功，但对于3.5个小时的学习时间而言，这些学习内容实在太多了。您认为呢？

情景2 数据显示，学员正在放弃一个时长45分钟、自定进度的线上学习课程，完成度不到一半；主管要求你把课程时间缩短到20分钟以内。

● 感激——谢谢您选择我。

● 肯定——我还要感谢您抽出宝贵时间研究该计划的指标。但我发现太多的培训内容仅仅是通过确认培训表的方框是否打钩来判定培训的进度。我当然可以理解这是您对课程完成率的关注。

● 询问——您是否有时间透过培训报告去挖掘更深层次的原因呢？举个例子，我们知道为什么学员没有完成课程吗？

● 提出顾虑——在我们针对当前情况寻求可能的解决方案之前，我建议先来回答一下这些问题。

● 替代方案——如我所见，了解数字背后的原因，才能推动提出解决方案。比如，我们提出三个可能导致问题的原因，而不仅仅认为只是"学习时间过长"。如果学员期望更短的课程却还是没有计划用足够的时间去完成它，那这个时长就只是启动项目前写在邀请邮件和大屏幕上的一个数字而已。另一种可能性是设计不够具有交互性或其目标挑战级别不恰当，导致学员即使对该主题感兴趣，也感觉是在浪费时间。在这种情况下，这个培训显然需要重新设计,但持续时间也许并不是其中的主要顾虑。也许究其根本是因为这个主题本身没有什么价值。如果是这种情况,那我就要问是否可以对它重新进行设计了。

情景 3 你需要将一个为期三天的已有课程设计成一个定制版本。机构希望将课程分为五或六次,每次时长一小时,课程内容需要"一针见血","去除那些与主题无关的内容"。

●感激——得知您对我们的××课程价值的认可,我感到很荣幸。

●肯定——您认为课程所教的技能与您想实现的目标相契合,我也同意这个观点,并且我们可以为您有效地改善交付成果。

●询问——在我们进行深入规划之前,您能告诉我您说的"与主题无关的内容"指的是什么吗? 以及您为什么想要"去除"这些内容。

●提出顾虑——这对我很有帮助,谢谢。我在您提出的建议中看到了一些问题——您要求跳过的活动恰好是有助于学习的活动。虽然通过重新设计后学员们会觉得乐趣增加了,但这毕竟不是游戏。我赞同减少学习时间,但在抉择哪些内容该保留、哪些内容该删去以及哪些内容需要改进时,恳请您能信任我的经验。

●替代方案——在模拟的一小时方案中,我们势必要做一些调整。我想请您允许我设计一两节培训课程样本,然后我们对此共同讨论。这将为我们的工作提供具体例子,同时也能证明互动的力量是多么强大。

情景 4 你需要为新客户改进一个项目计划。在查看了学习目标和主题后，他们要求你删除某些部分，但他们想要删除的部分恰好是实现其目标的基础。

● 感激——感谢您在交付成果前与我协商。

● 肯定——很明显，您花费了大量时间仔细地审查日程表。谢谢您能这么做。

● 询问——您能否告诉我您考虑将这些部分删除的原因？

● 提出顾虑——我明白您的意思，但实际上掌握这部分的内容对于学员实现你所希望的目标来说至关重要。但我从当前日程表的内容中很难看出这一点。

● 替代方案——既然认识到自己需要缩短交付时间，您是否愿意接受我关于如何定制内容以实现目标的建议？在了解课程、您分享的学员背景以及您所制定的期望结果的同时，我希望您能多翻阅一下 X、Y 和 Z，把它们当作参考资料。我还认为，根据目前的处境，X 对您的团队不会有太大价值。

情景 5 负责招聘的部门高管告诉你，因为她需要新员工在午饭之后到达仓库做好操作准备，之前计划为期一天的新员工入职培训需要精简成半天，但仍需涵盖所有培训内容。她说，如果你去掉所有浪费时间的社交环节，只告诉新员工他们需要了解的东西，那么精简成半天就不会太难。

● 感激——我对于与新员工共事一直满怀热情，很感谢您能让我一起解决此事。

● 肯定——我理解您需要一个有效的培训项目来为新员工各司其职做好准备。

● 询问——您能告诉我"做好操作准备"的理想状态是怎样的吗？

● 提出顾虑——好的。您的回答比我想象中的温和很多。我只是担心，如果我们不优先考虑留下或删减的内容，只是如此大幅度地缩短时间，学员们就会像对着高压水枪喝水一样，只会感到不堪重负，而无法学到什么。我还记得我第一天来这里时，就有很多东西要学习消化。

● 替代方案——我建议我们从一个全新视角来看待新员工培训这件事。我们甚至可以考虑培训本身的名字——把新员工培训（毕竟这意味着被动的体验）改成某个更像是由行动或结果主导的事件的名称。我会思考一下，提供一些想法。基本上，我建议从您希望培训能达成的目标开始改进，并由其指导培训内容，而不是从课程的已有内容开始。我们最终可能会进行为期半天的室内培训活动，该活动主要着重于技能开发、内容呈现和一个下午的实践体验，将每位新员工与您工作最出色的员工在仓库里进行一对一搭档合作——这可以作为一种可能方案。在做出决定前，您是否愿意考虑一下别的选择呢？

你的自身情况： 如果要你为不切实际的要求，或者更糟糕——根本不符合学员利益的要求，重新定义一个期望值，你将会有什么样计划？

感激——

肯定——

询问——

提出顾虑——

替代方案——

本章小结

当你对所有事情——每个请求、每个交付成果、每个截止日期、每点内容——都说"是"时，你实际上是对学员和你自己说"不"。你是在告诉学员：我不会让误导性的要求远离你，我不会保护你免受填鸭式的教学，我不愿意捍卫你对互动学习体验需求的权利。同时，你也是在对自己说"不"：对你的经验、你的专业知识，对设计、开发和交付让你自豪的高效学习活动的愿望，以及对维持一个可控制的工作计划，并让你在力所能及的范围内实现，说"不"。

5A 模式是你管理期望值的策略与工具。它给予你一个可以遵循的流程，从而使你能够为学员提供他们所需的东西，为项目发起人和业务部门交付成果，也让你为你着手的项目充分展现自己的价值。

如果你对第一章的印象是"如果我早点接触，也许会对我有帮助。但我所处的组织中，只有'学习与发展'部门才会有人想要接受培训。我现在才接触 5A 策略，实在是太迟了"，那么第二章内容会比较适合你。在进入第二章的学习之前，请完成下面的"培训应用"，并仔细查看"章节任务"列表，以确定接下来的步骤。

培训应用

你刚好有个机会将 5A 模型应用到你的一个具体情况中。下面，我建议你从更广泛的角度来看待这个模型（感激、肯定、询问、提出顾虑、替代方案）。结合你的实际情况，确定你与模型相关的优势和弱点。接着在下一页的空白处，或者在便签本和记事本上，写下你应对每列标题情况发生时做出的反应。

继续 我将继续采取的与 模型相符的行动：	终止 我将停止采取的与 模型不符的行动：	开始 我将开始采取的这 个模型中的行动：

接下来，记录下你为了更容易达到目标，将采取的三个操作。

1. _____

2._____

3._____

章节任务

❏ 完成你在"培训应用"环节中写下的三项行动。

❏ 辅以第十章的评估工具，运用 5A 模式评估你当前的表现水平。

❏ 重温过去做过的项目，看看是否有可以借助 5A 模式改进的地方。

❏ 运用第十章的 5A 工作表和辅助工具，安排一次会议以确定下一次项目的范围。

❏ 在第十章中的章节行动计划表中记录下你根据本章学习内容采取的其他行动。

02

不要做最后一个知道培训决策的人

一招教你赢得一席之地，四步使你站稳脚跟

如果你是最后一个知道培训决策的人,那你需要尽快解决这个问题! 因为这样你的工作将处于不利地位,你的项目将更具挑战性,当然你的效率也会受限。

拥有一席之地是种怎样的体验?

拥有一席之地意味着在决策被制定时,你在现场——这些决策将影响项目是否能完成、时间表如何制订、限制条件有哪些,以及需要达到什么样的期望。我相信如果你不在场,你也能对被敲定的决策有自己的看法,我称其为"预先存在的决定"。拥有一席之地也意味着你在关于决定学习项目方向的讨论中,拥有发言权,且从一开始就能参与其中。听起来很棒,不是吗?第十章中有一个"赢得一席之地"工作表,在阅读剩下部分之前,你可以试着填填看。这也许能帮助你阅读本章内容。

接近决策桌的过程

那么，如何才能在决策桌上获得那个梦寐以求的位置呢？阅读至此的人中，有一些幸运者，他们所处的组织中，"学习与发展"团队所创造的价值已经得到了认可。他们已经拥有了一席之地，因此可能不理解为什么本书中还存在此章节。但其他人就没那么幸运了。

你也许会抱怨说——这么晚才被告知有关培训的决策，会对团队造成不应有的负担，如果最后一刻才提出的要求仍要保质保量地完成，那么团队会垮，培训计划也会受到影响。你可以提出要求——建立一个"学习与发展"策略，该策略规定只有团队在最开始就参与到这个项目的制定中，团队才会接手这个项目。且在此期间，拒绝其他额外的项目请求。你可以密切关注会议室动静，在紧要关头，探头问："嘿，有什么我该知道的事情吗？我可以去拿支笔，然后马上回来。"或者，你可以选择变得具有说服力——这是我推荐的办法。

我祖母的格言"蜂蜜比醋更能吸引蜜蜂"①，也同样适用于稳固你的位置。在我的职业生涯（是与现在不同

> 靠实力在决策桌上获得席位是实现这一目标的唯一有意义的方式。你可以通过发牢骚得到这个位置，也可以提出申请，甚至使用蛮力。但只有当你靠实力赢得座位时，桌子上的其他人才会听你说话。

---

① 原文是：You attract more bees with honey than vinegar.

的职业)刚开始时,有这么一个故事可以证明说服力的力量。

当我从新闻专业的硕士学位毕业时,曼哈顿的一家大型保险经纪公司聘请我担任其职业沟通小组的沟通专家。我的职责是根据征求建议书(RFP)为新业务撰写提案。刚开始,来自公司不同部门(财产、伤亡、海事、航空、风险管理等)的很多人,到提案截止前几天才开始起草他们的部分,然后再汇总成一份报告发给我——这还是我比较幸运的时候。我不但能拿到薪水,还能帮助销售团队赚取佣金。

我之所以喜欢这份工作,有一部分原因是它充满挑战性。它的挑战性一是在于通常只在提交截止日期前几天才收到草稿——不会给我留下太多的时间去完成它;二是在于各部门起草者在完成各自部分时都将其作为独立的部分,不会考虑其他部门的因素——所以经常会出现互相矛盾的情况;挑战性还在于我一直希望在我可利用的时间内尽量产出最好的结果——但他们从不会留下太多时间给我。因此,在许多个周四的凌晨,我还穿着周三来时穿的那套衣服坐在复印机前,并在公交系统停运后(早在拼车应用软件出现之前),我才乘坐镇里来的出租车离开曼哈顿。

但并非总是如此。每次完成一份征求建议书后,为了赶上截止日期不得不隔夜递交时,我都会向团队领导道歉:我很抱歉没有做得更好。我会陈述我在给定的时间内取得的成就,然后解释说如果我有更多的时间,我会……(任何能使他们在获得生意和利润方面更有利的事情)举个例子,“虽然我们做概念图因其能从一个视角就捋清整个事件而受到认可，但如果有更多时间，我希望再将它打散，挑出关键部分，然后将图形和与之相配的叙述相结合"；或者"我本来能在介绍部分将他们的价值观和我们的风险管理哲学结合在一起，但我却因时间问题没有在拉里（Larry）的风险缓解部分里强调这一点——我很抱歉"。这样一来，下一次布置征求建议书（RFP）时，他们就会给我更多时间——但我还是会指出我做得好的地方，然后为我没做到的地方道歉。在下次机会来临时，他们会让我更早地接触它，而我还是会表达出我的过失与价值。几轮之后，只要出现新的征求建议书，我就会被邀请去参加最初的战略会议。要想在公司里有自己的一席之地，需要经历很多步，每一步都让我更接近这个目标——而我是通过证明自己的价值以及表达如果有机会能为客户带来的额外价值来赢得这个位置。

凭借努力和实力获得自己的一席之地，而不是不断发牢骚迫使别人给予或者说强行坐在那里（比如会议室的椅子上）。只有当你靠实力赢得座位时，其他人才会听你说话。

你会出于很多原因想要坐到决策桌前。结合本书所述，你可以通过这么做而实现从执行命令转而到指导项目的目标，并使其能够朝更好的方向进行。

顶针炖菜

我把这比作制作"顶针炖菜"——这要从我童年听过的一个故事说起：有个孩子去一个吝啬的亲戚家做客，问他们是否可以煮一锅炖菜,但那个亲戚却说家里没有任何东西可以炖。孩子说这没什么大不了,因为顶针炖菜只需要水和旧的顶针就能完成。随着水和顶针在炉子上沸腾,孩子搅拌着锅里的东西,嗅着蒸汽,并说这一切是多么完美。然后她补充说,如果还能加些洋葱,或者一两个胡萝卜那就更好了。为了能吃到更好的一餐,吝啬的亲戚去储藏室把这两样食材都取来了。孩子一边搅拌,一边剁碎洋葱和胡萝卜,同时又说,有一次她加了些豆子进去,味道就变得更好了。亲戚回答说,如果好好找找,也许还有一罐豆子。而后,随着越来越多食材的加入,最终的菜肴变得更加美味,直到一大锅美味的炖菜在炉子上冒泡。

以下有四种策略可以让你制作"培训顶针炖菜",更好地为未来的项目定位。我们将逐条查看:

✓ 利用你目前的项目;

✓ 善用你的拥护者;

✓ 把握你的提议;

✓ 借助你的人际关系。

利用你目前的项目

这是我在曼哈顿的保险公司任职时使用的方法,我在之前的故事中提到过这段经历。虽然那时我并不是有意而为之,但你却可以利用它。直到最近几年,在我的课上,一些教学设计者向我请教如何能让股东们赏识他们的专业知识,如何从一开始就参与进去，以及如何摆脱被动接受任务的处境，我才发现这所谓的后见之明策略是多么的关键。

这个策略将两个因素结合在一起。首先是成就陈述——说出你在刚完成的任务中做得好的方面，最好是说出特别的亮点。接着应该说你本该做好却因时间问题而没有完成的事情——并为之道歉。如果你在犹豫是否要为了这个而道歉——毕竟这并不是你的错，因为是他们没有事先考虑让你更早地参与到讨论中——你要明白，这对你有好处。这种方法不但显示了你的成就，并表示你可以做得更好，还证明你对项目结果充满责任感，表明了你希望为他们制造更好的效果——只要他们愿意协助你。

接下来是摘自全球范围的一些培训案例，你可以从中发现道歉可以是直接而温和的，也可以是间接暗示的。

● "我很喜欢汇聚客户案例进行研究的方式。审核这些案例的管理者认为这些案例清楚地呈现了员工面临的挑战。如果我们有时间创建分场景——例如让员工制订自己的'探险'计划书——那么学员在做出决策时就能够获得有针对性的反馈。如果在未来的项目中我们能有更多的准备时间，则可以把这一点考虑进去。我感到很抱歉，没有为设计的课程做到这一点。"

● "考虑到时间问题，我们真的没有机会再去考虑其他的交付形式。不过虽然面对面的设计形式得到了良好的评价与反应，但数据也表明学员更喜欢线上学习形式。但遗憾的是，决策在我参与之前就已经制定好了——很遗憾我们错过了机会，不能向客户提供他们更喜欢的交付形式。"

● "根据最初的反馈,85%的学员表明我们搜集并整合的视频提高了他们对平台的黏性。但如果是我们自己拍的视频不是更好吗? 这样的话,价格可以更低廉,而且可以完全按照我们的销售模式定制。但是我们却为了在销售会议上展示新程序耗尽了时间。所以越早让我知道您所预见的培训需求越好。"

● "说实话——我真的很为我们在有限的时间内所建立的成果感到骄傲,我也真的希望将工作嵌入式活动融入课程设计中。虽然我知道没有时间去做这个项目,但我很清楚融合后的模型对于帮助学员把在培训中学到的技能运用到工作中是多么有益。"

对于利用你在当前项目上的工作来更好地定位自己未来的项目,你有什么看法?

● 陈述取得的成就: _____

_____

以及

● 就未完成的任务致歉(由于时间限制、预先存在的决定等所导致的): _____

_____

善用拥护者的力量

是否有你从一开始就参与设计的项目? 为此你寻求了哪些观

点、专业知识以及建议呢？这些项目是否为发起人带来了巨大的成功？这些项目很有可能是由你阅读第一章后称为"学习冠军"的人所要求或主导的。那就让你与这些人的成功为组织中其他部门或客户的成功铺路吧。

记得向你的拥护者寻求许可，获得拿他们的项目及成果作为范例的权力。当你在使用这个策略时，也要持续知会你的拥护者。不管正确与否，事实就是有些客户认为从同行那里得到的消息比从你那里得到的要靠谱。当你的拥护者宣传你和他们共同取得的成功时，他们的声音更有可能被听到。

当你参与决策的制定，致力于解决方案的开发，并权衡各个选择的优缺点，你最终得到的将是实实在在的成果。使用下面这个四步公式来让别人了解你的拥护者已经知道的东西，使得你自己能接近项目决策的中心。

✓ 步骤一：在新的培训要求与你的拥护者的项目之间建立联系。

✓ 步骤二：将新的培训要求与拥护者的项目做对比。

✓ 步骤三：传达好消息。

✓ 步骤四：请求坐到决策桌旁。

步骤一：在新的培训要求与你的拥护者的项目之间建立联系。

请从以下示例表述中获取灵感。在阅读时，替换其中的 X 和 Y，使 $X=$ 拥护者或他的项目的名称，$Y=$ 当前项目的细节。

●"跟您所处的情况一样,X 需要 Y。"

●"这个请求让我想起了我和 X 一起完成的一个项目。他也做了 Y。"

●"您说的让我想起了我与 X 合作的一个成功项目。它们拥有很多共性,包括 Y、Y 和 Y。"

步骤二:将新的培训要求与拥护者的项目做对比。

因为你的目的是在未来的项目决策桌上获得一席之地,你需要强调项目进度表的差异,就培训计划发表咨询意见的机会、提前通知的范围和项目截止日期,等等。

●"与该项目的主要区别是……

——培训团队早些时候就参与了这个项目——实际是很早之前,因此我们能够就完整的解决方案提出建议。

——因为我们很早就参与了进来,所以我们能够完成 Y、Y 以及 Y。

——我们有很长的开发时间,这让我们有更多机会发挥创意。"

步骤三:传达好消息。

在进行步骤二之后,你当前的项目请求者可能会感到有点沮丧,对他来说,要想有一个成功的项目提案似乎已经太晚了。这时,向他保证他也能得到一个积极的结果很重要。与拥护者的项目相比,它可能只需要在范围上有所改进。

●"好消息是,我们正在接触,并且……

——我们可以为您创建一些支持工具。

——我也赞同这里有培训需求。

——根据我们的时间进度，我们当然可以完成 Y。"

● "我有一些好消息要分享······

——我认为我们可以在我们的时间范围内成功完成它。

——我认为分阶段的做法可能会给我们带来一些时间。第一阶段将与您目前的时间安排保持一致，并预计在 30 天内完成。我正在为第一阶段设想 Y，后续阶段在前一阶段之后，用 45 到 60 天的时间完成。这些阶段可能包括 Y、Y 甚至 Y。您对多阶段模型有何看法？

——尽管这并不是我们首选的工作方式，但培训团队过去也遇到过类似的激进计划。我们将为您完成这项工作，只是项目范围可能要比我本想为您提供的小一些。核心要素和良好的教学设计原则仍将保留，只是这次我们可能需要省略一些额外的东西。"

步骤四：请求坐到决策桌旁。

虽然对你而言很明显你正在使用前三个步骤来证明尽早让你参与项目决策是十分有价值的，但是对于那些没有邀请你上决策桌的人来说，这看起来并不是那么明显。因此，第四步非常关键。请求坐到决策桌旁不能太直接，那样会显得太笨拙或具有挑衅性。你也不想因为内疚或尴尬而被邀请成为不受欢迎的客人吧，当然更不想引起地盘之争。你的底线是：你希望项目发起人是因为认可你所带来的价值而邀请你。

　　思考下列表达是否可能对你有帮助,并根据你的需要修改它们。

　　●"在将来,一旦您认为有了培训需求就请给我打电话。那时我会更有能力帮助您实现计划。"

　　●"这只是我的一个想法……如果我们每季度联系一次,讨论一下您所在部门正在实行的倡议,我和我的培训团队就能根据您的需求开始限制项目时间。您愿意这样做吗?"

　　●"请您明白,培训团队对您的工作了解得越多,我们就能更好地支持你。所以千万不要犹豫让我们参与协商——这就是我们存在的意义。"

　　●"我们现在都能对下一个学习需求有了更好的理解——我期待着从一开始就和您一起着手这个任务。非常感谢您今天的配合。"

把握你的提案

　　如果你总是想为参加课程的学员尽心尽力,请举手。即使强加给你不现实的项目约束条件,你仍会竭尽全力,那么,请举起你的另一只手。现在,拿起这本书——因为我赌你两只手都举起来了! 相比我常听到的对培训结果不如预期的失望,我更常听到的是努力让培训在规定时长以内完成。

　　为了忠于你对工作的承诺,当项目时间是一个固定变量时,你要么需要用你的建议来控制期望,要么利用你的建议来获得更多的设计和开发时间——或者两者并施。有时候,当客户看到他们可以企及的东西——只要有可用的资源——他们就会想办法准备好足够的资源……这就是"顶针炖菜"！无论这些资源指的是学员的时间（课程长度）、开发时间（项目时间表）、资金支持还是所有这些。

以下是它的运作原理。选择三个时间段。第一个是分配、委派或请求项目时"给予"你的时间。举个例了，我们将这个时间设定为一个月。第二个时间段则更宽松舒适一些，但仍考虑了项目的请求时间——更像是在请求者的要求和你的理想之间的妥协，这个时间段大概持续 45 天左右。第三个是你的理想时间段——是完成所有工作所需的时间量（"所有的工作"包括第五、第六及第七章所讨论的因素）。为期 90 天听起来还不错吧？还是 120 天？或者更多？这个时间可以根据要求的不同而进行不同的设定。

接下来，对于每个时间段，设计一组不同的可交付成果。这可能需要采取一种基本的、经典的、一流的方法，如表 2 - 1 中时间表 1 所示，为设计和开发时间的每一次增量扩展可交付内容。或者，在每个提议的时间段都采取完全不同的方法应对学习方案，因此可以提供不同的可交付成果，如表 2 - 1 中时间表 2 所示。

这种方法的巧妙之处在于它可以帮助到你现在和将来的项目。对于当前的项目，你能够为其竭尽所能——包括可交付成果。你甚至会发现，这种方法可以让客户看到你可以用额外的时间为他们做更多的事情，从而为你赢得更多的时间。这样一来，以后内部客户或外部客户都将认识到，如果你有更多的开发时间，你可以做到更多。

表 2-1 样本设计与项目开发时间表

时间表 1 项目可交付成果		
为期 30 天	为期 45 天	为期 90 天
● 互动课程设计 ● 参加者的相关材料 ● 视觉辅助教具 ● 培训大纲	● 互动课程设计 ● 参加者的相关材料 ● 视觉辅助教具 ● 引导师指南,附脚本 ● 辅助工具 ● 邮件模板	● 互动课程设计 ● 参加者的相关材料 ● 视觉辅助教具 ● 附脚本且嵌入答案的引导师指南 ● 课堂活动的操作控制 ● 辅助工具 ● 与沟通活动相一致的邮件模板 ● 评估 ● 管理者支持工具 ● 培训教员选项
时间表 2 项目可行方案		
为期 30 天	为期 45 天	为期 120 天
发起或创建一套自定义进度的教学辅助工具,以供学员独立使用并完成。评估将由学员自行决定,通过提出自我反思问题并提供行动计划工作表的方法来完成。	构建一个有交互特征与评估功能的网络学习模式,其中包括基于具体场景的活动,通过分支中的"构建你自己的冒险计划"来进行探索和相应反馈。从而通过使用多项选择和对/错问题的课程内评估,对获取的知识进行评估。	开发使用翻转课堂模式的混合学习方案。基于视频的教学和自我评估将独立完成。接着,小组将参加由授课教师指导的培训课程,以完成应用练习,并获得一对一的反馈。如果学员想运用自己的技能并接收教师的反馈和指导,采用作业嵌入式应用分配是必要条件。

借助你的人际关系

好运总是青睐那些耐心等待的人——而最大的好运则常降临于那些主动出击的人身上。

> 切记不要本末倒置。
> 先着手计划你的年度项目日程表，再将最后敲定的要求排进去（如果有机会安排的话），而不是反过来做。

简单地说，你应该停止被动地等待电话响起，而是主动拨出电话。当你处于被动回应请求时，即一味按照要求来处理项目时，你对项目很难进行优先排序，也很难制订有效的项目时间表，花时间去协调最好的交付成果，更无法确保将你的努力集中在最重要的项目上。

当你疲于回应培训要求时，就无法放慢速度来评估这些要求，或者确定实现目标的最佳策略，这样的话，你就无法做到最好。如果你做得不够好，就会导致你和你的成果得不到重视。这样的恶性循环会进而导致你无法受邀参与决策过程，你的专业技能无法运用到培训解决方案中，你还可能需要应对额外的无意义的要求。换句话说，本末颠倒。

相反，你可以通过发展与主要负责人、部门主管、项目管理者等的互动沟通渠道，走在要求的前面。再根据他们的投入情况和预期培训需求来计划你的项目日程。拟订设计和开发计划，并将最后敲定的要求安排进去——如果能有机会安排的话,而不是反过来被牵着鼻子走。

拒绝请求?是的。对许多培训专业人士来说,这也许是个很难接受的概念。在你觉得实在难以接受这个概念前,请思考在下列方框中的三个食品服务模式中,它是如何运行的。

你该从哪里开始借助人际关系,从而获得或重新获得对自己工作的掌控呢?就像你将会面临的任何挑战一样——就从你现在所处的境地开始。如果你在接下来的1个月、3个月或6个月的时间里已经有满满的工作量,那么就开始计划你将在2个月、4个月或7个月的时间里完成哪些项目。要知道,在截止日期前,你可以掌握你的设计时间,更坦然、更有效地工作。方法如下:

● 首先,回顾一下过去一年完成的项目。想想和谁一起工作最轻松?谁最有合作精神?谁更关心最终的效果而不是仅仅完成任务?与他们联系,问问他们期望的需求是什么。如果你正在计划你的项目日程,何不为那些想要以正确的方式进行培训并且乐于与之共事的人保留位置呢?

> **餐饮业的三种模式**
>
> **模式1:烧烤店模式**
>
> 在我家附近的街上有一家极普通的烧烤店。每周六,都会从浓烟滚滚的店内飘出猪肉、鸡肉以及排骨的香味。店内的员工日复一日地准备着相同数量的烤串。每年这家

续表

店都因擅长做一件事而获奖，那就是烧烤。顾客们排着队——点他们想要的食物，或是店内还剩下的东西——所有东西都卖光以后，人们就相继回家。

模式 2：连锁餐厅

我住的地方附近也有许多全国连锁的餐馆，所提供的食物总是千篇一律，但大多数晚上都生意兴隆。女服务员们记下客人点的菜，然后通过传呼机通知后厨。厨房内，一众厨师们在炒着菜，烤着肉，再装盘，忙得不可开交。等菜出锅，服务员们从杂草一般摆放在那里的成品堆中挑出自己要送达的那一份。在这种情况下，服务水准和菜品质量都受到影响。当饭菜端上来的时候，还经常会出现顺序错误的情况，而且因为每个人都忙得焦头烂额，纠正错误变得很困难。

模式 3：高档餐厅

一家高档的餐厅也坐落在我家附近。如果你想请来访的客人品尝他家的蓝莓和玉米沙拉或者其他的一些美食，你最好提前预订。因为一旦他们承诺向提前打好招呼要来的顾客提供最好的服务，那么当晚他们会拒绝其他顾客——这些食客只能预约下一顿。

这对你的培训项目意味着什么呢？

比较这三种模式,你希望以何种模式为众人所知? 是作为能够提供一件优质产品的培训专家(当然客户也要喜欢你提供的这件产品)? 还是做一个为了满足客户需求而疯狂工作的培训专家,结果充其量只比客户自己动手完成得好那么一点? 或者作为一个致力于提供高质量而不是数量的专家,并能根据客户的特定需求、限制条件和偏好定制客户产品,从而使他们对你赞不绝口?

● 接下来,看看组织的主动性。公司是否会追求奖励、资格认证和资质证明? 谁将能推动这些措施的实行,培训将如何支持实现目标? 在你的社交网络中,谁可以搭建你与这些项目背后的人之间的联系? 与这些人取得联系并帮助他们控制培训时长。

小贴士

建立一个学习委员会。

邀请跨领域的领导者、管理者、潜力股和一线员工参与进来。有了这样多元化的利益相关者,就可以从战略层面创建和实施培训,而不是保持被动姿态。

● 找到没有得到周全服务的群体。大多数组织都有一个或多个小组的学习需求被忽略。也许他们在地理上存在劣势,他们的部门无法产生收入,他们的管理层经历了巨大的变更,或者有其他原因使他们掉队了。谁能告诉你他们的需求是什么以及他们最重视的是什么？把他们安排在你计划中适合的位置。

● 联系那些能够做事的领导者——那些有深远谋略并引起决策者关注的人。他们目前的目标、在意的计划或者未满足的需求是什么？你的哪位拥护者可以接近这个小组并为你安排见面？他们的重要日期是哪天呢？

通过利用这四组建议，你可以增加创建包含以下四个基本要素的项目的胜算：有趣的项目、备受瞩目的项目、深受赞赏的项目以及人们将会热烈讨论的项目。这样具有代表性的工作能让你的项目以所有正确的理由受到重视。每个人都会因此珍视与你合作的机会。相应地，这将导致他们会预约与你的合作，并像在用餐时请求主厨推荐一样询问你的意见！

本章小结

为了能与客户密切相关，为了更有效率，为了做到最好，制定决策时你应该坐在会议桌旁。为了能获得那个位置，你制订了什么计划？你将如何实行你的"顶针炖菜"战略？

如果你不在决策桌旁，你就需要非常努力地工作来达到要求。提升你的努力程度，从而为自己赢得一席之地——这将使你能够在组织中形成一种培训文化，还能提高门槛，把其他培训供应商挡在门外。通过充分把握你当前的项目、拥护者、提议和人际关系，你可以坐到决策桌前，并拥有发言权。

培训应用

下面是一张决策桌。你想坐在哪个位置？在下图用 X 标出你想要的位置。

如果你还不能坐在决策桌前,那你该采取什么行动来靠近这个目标?

1. _____

2. _____

3. _____

(注意：你离桌子越远,你的行动想法和笔记就越显重要。)

章节任务

❏ 完成你在"培训应用"环节中列出的三个行动。

❏ 重新回顾过去的项目,查看是否有可以运用第二章的策略进行改善的地方。在你当前的项目中确定关键点,并将这些策略运用其中。

❏ 确定谁是你的拥护者。

❏ 为规划你的项目开发时间表而制定相关策略。

❏ 安排与目标学习委员会成员的电话会谈或会面,以获得他们对委员会结构、目标等的支持与投入。

❏ 在第十章中逐章回顾你的行动计划,并更新与本章内容相关的行动。

03

我该将谁的需求
放在第一位?

将学员放在首位，且不忽视项目发起人，有30多种方法

学员的需求必须放在第一位。如果不这样做的话,学员在培训中就会越来越不投入,学习就不会发生,行为也不会有什么改变,整个学习计划就泡汤了。

但学员的需求和项目发起者的要求之间,可能存在一定的矛盾。培训专家的工作就是在这个差距中找到平衡点,并为学员和项目发起者尽可能创造最好的培训。

你会很容易产生要取悦项目发起人的想法。他们毕竟是你的客户,甚至可能是你的老板。他们如何评估和你一起工作的经历将对你和你现在或是未来的职业生涯产生重要影响。想对他们说"好"是可以理解的。

但是,对误导性的要求说"好"的话,培训效果就要打折扣,还有可能根本无法实现最终目标。通常来说,这个后果的责任往往需要你来承担——实际上,也应该由你来承担。如果你认识到一个要求具有误导性,却不采取任何行动去改变它的发展方向,那么你就是同谋——因为你明明知道得很清楚，却没有去阻止它。

作为教学设计者和培训师，你是学员的第一和第二防线。学员依靠你来发掘他们在培训中的兴趣。能将学员放在首位的最可靠方法是有技巧地应对你的项目发起人。本章提供了 30 多种策略，分为三大类，让你达到目标。首先，让我们来看看为什么我们需要与项目发起人打好交道——为什么仅仅把学员的需求优先于客户是不够的。

客户成对手

客户和培训专家的关系有时候会变得很奇怪。至少在你思考它之前，它看起来很奇怪——思考过后它就会变得相当合乎逻辑了。

让我们看看人际关系是如何搭建的。客户单位有需求，而培训被认为是解决问题的方法。然后你就会被召唤去"做你该做的"来解决这个问题。从项目发起人的角度来看，你是满足需求的工具——满足他为你列出的需求。当你讨论需求、他设想的解决方案和影响因素，然后分享评估他的需求的重要性时，可能会发生一个转变。现在，你不是在为他的问题寻找解决方案，而是在给他制造一个新的问题。你阻止了他前进的势头，因为你在质疑他设想的解决方案，你在挑战他。好戏就开始了。

现实虽然可能没有那么坏，但当你想让他将你看成拍档而非工具，当你提出他可能都不曾考虑过的问题，当你建议与其他利益相关者交谈而得到全面和客观的情况时,发起人会很容易觉得你是"马后炮",并会感觉受到威胁。

虽然你不是他的工具,但你当然也不是他的伙伴,那么你只能被视为对手。这个想法可能只形成于发起人的潜意识层面,但毫无疑问,它正在形成。

你的客户可能在想……

"你要让我难堪吗?"

"你会推迟我提出解决方案的计划吗?"

"当你(来自'学习与发展'部门的家伙)说我们需要的并不只是我在上周会议上建议的东西时,我的老板会怎么说?"

"大家会认为我不过是个有名无实的人吗?"

"你会让我在这个问题上超出预算吗?"

"如果我让你和我的团队谈话,你会怎么说我呢?"

"当我让你加入项目时,你会因为解决了这个问题而受到称赞吗?"

对手成拥趸

如果能让项目发起人站在你这边,那么保护学员的兴趣或者说需求,对你来说就容易多了。与发起人合作总比与他对抗容易。

为了你和学员的最大利益，你要竭尽所能确保你与项目发起人之间潜在的竞争关系转化成一种伙伴关系。再进一步说——你要将潜在的对手转化成你的拥护者。你可以用以下三类策略来实现这个目的：

✓ 请求项目发起人为你引荐；

✓ 让项目发起人了解情况；

✓ 聚焦项目发起人。

请求项目发起人为你引荐

将项目发起人转化为拥护者的第一个策略可能是本书中最简单的建议：请求项目发起人为你引荐。为了进行有效的需求分析，你需要与其他人员交谈、查看现有数据、收集新数据等。这就需要与人接触，获取他们的信息。不要给别人打冰冷的电话或发放大量调查问卷希望得到答复，而是应该请求项目发起人为你敞开大门。让项目发起人为你引荐之所以有效，基于以下很多原因：

● 把项目发起人放在首位。

● 你获得项目发起人的许可后，可以堂堂正正与这些人取得联系（这也缓和了他对你可能造成威胁的恐惧）。

● 利用他的影响力为你谋利。人们会更乐意接听你的电话，接受你的课程请求，并回复你的调查。你将成为他们的优先选择，因为项目发起人是他们的优先选择。

除了简单地问"请问您可以为我引荐这些人吗"，你可以使用以下技巧来请求项目发起人为你引荐：

● 替项目发起人写一封群发邮件，用来介绍你的角色及要帮助发起人解决的问题。

● 如果主办方更愿意通过电话或亲自为你引荐，你可以为他提供一些谈话主题。这些主题也应该包含在之前那封邮件里：他让你参与协助了哪个项目计划，你在项目中的角色是什么，他对于你所要联系的人的期望是什么，这个项目将带来什么收益等。

● 准备一些调查工具以及附函邮件，这些将以项目发起人的名义发送。

● 当你联系到项目发起人为你联系的人时，告诉他们是他让你联系的。

让项目发起人了解情况

第二种可以将项目发起人从对手变为拥护者的方法就是在项目的分析阶段让发起人了解情况——当你确定需求、评估知识与技能间可能存在的差距时。这样，你的发起人就会觉得他是这个过程的一部分，从而不会惊讶于自己是无用或多余的。请务必与你的发起人分享你的活动日程，并包含以下信息：

● 你和谁一起组织了这些课程，以及它们被安排在何时进行。

● 你计划焦点小组讨论的日期，哪些人已经同意参加，以及你打算采用的模式是什么。

● 何时分发调查问卷。

● 你希望他的团队和组织中的其他人提供什么报告和数据。

● 你正在计划的其他活动,以便你的发起人能够充分了解。

如果发起人不关心这样的细节,他会告诉你。宁可因为做得太多而犯错,也不要做得不够。

当你的研究成果与发起人最初的要求一致或紧密一致时,直截了当地告诉他,你的分析得出了什么结果:"好消息,马特,你是对的!"

你该如何处理它?

马特(Matt)告知了你一个决定。几个月后,他的团队将参加一个为期三天的行业会议,这将为他们提供重要的人脉,并为他们带来机会。他决定在会议期间安排一次培训,以节省旅费。培训的时间很灵活——无论是会议前一天还是会议后都可以。

当你与目标学员交流时,你会发现他们并不像马特那样热衷这件事。他们不是不希望得到培训的机会,只是时机不对。他们指出,如果培训是在会议后一天进行的,那么他们的优先事项是相互矛盾的——届时,他们将正在履行在会议上做出的承诺,并努力建立起新的联系网络。而当被问及如果安排在会议前一天进行培训时,他们又很快指出,今年的会议是在假日周末之后举行的,他们不想缩短假期来上课。

> 你怎么能尊重马特的地位和权威,同时温和地引导他找
> 到能更好满足员工学习需要的替代方案呢?

然而,当发起人的要求与分析显示的真正需求之间脱节时,这对你来说会更具挑战性。在以下示例中,根据你与发起人的最初对话中了解到的内容(在第一章5A模式的指导下),将收集到的信息形成框架。

展开讨论,分析发起人的要求,研究其结果——哪怕只有少量的发现。然后,你可以继续探究这些发现中有冲突的部分。考虑下面的表达怎样可以为你所用:

● "在我们的第一次谈话中,您提出X是优先选择。以下是焦点小组提出的符合该优先选择的项目……"

● "我知道有件事对您来说很重要,那就是X,而团队也同意这一点——只是有个需要修改的小地方。"

● "有趣的是,受访者并没有像我们想象的那样对X给予很高的评价。"

● "有一些我们没有预料到的令人惊讶的发现——但我认为是至关重要的——它们是……"

如果遇到阻力,你可以考虑用以下方法之一重新引导讨论:

● "我了解您是如何考虑的。我只是担心……"

● "我当然了解项目的限制。我认为在这些发现中如果有一件事是最重要的,那就是……"

● "在您让我接触的人中，大多数人都认为 X 会给项目执行带来重大挑战。如果我现在不强调这一点，就是我的失职，因为我相信这会对培训的认可与接受度产生重大影响。"

● "我担心的是，我们要求他们提供了意见，但照目前看来，我们似乎并没有整合任何内容。我不确定这样下去会有什么后果。"

● "当然，最后的决定权在您手上。我只是觉得您之前说过的让大家都参与进来真的很重要。"

● "在我们做出最后决定之前，您是否愿意考虑一下这个小组讨论所得的想法？同时我可以开始做这个项目的其他方面。"

在项目后期，比如设计与发展阶段，你仍需要让项目发起人了解具体情况，但是要采取不同的方式。在设计解决方案时，不要想当然地认为项目发起人明白你的设计原理。这是一个教育项目发起人的好机会，让他对成人的学习原则有更深的认识，从而使他成为学习（以及你）的拥护者。让他了解你对培训步骤排序的逻辑。强调一些成人学习的原则（详见第八章），这些原则会影响你如何组织学习活动。你还要向他展示，通过引导发现，学员将如何达到预期标准，学员将如何在关键点上获得有针对性的反馈。发起人对你的设计背后的意图越理解，他就越不可能试图改变它。

还有，当你进入项目开发阶段时，不要只给发起人发送你创建的模板草稿请他批准，你应该安排与发起人一起来审查这些模板。你要向他解释为什么选择使用照片而不是剪贴画，并解释选择将工作簿和可视图像中使用的字体数量限制为两种的原因，以及为什么最小的文本和补充的可视图像是幻灯片的重要组成部分等。当你主动告知发起人这些选择背后的意图时，他就可以从这些方面来评估你的选择。而如果你不分享这些见解，他又想根据个人偏好做出改变时，你就回到了第一章中提到的"他的意见与你的意见相左"的两难境地。

聚焦项目发起人

让发起人能够成为你的拥护者从而使你能够首先满足学员需求的第三种策略，可以确保发起人因为你而树立起良好的形象。你需要尽可能地抓住一切机会去做这件事。

当你愿意充分给予别人信任时，有趣的事情发生了：人们愿意和你一起工作。愤世嫉俗者可能会说"他们当然会这样做，因为他们听了好话"，但精明的人会认识到，如果在所有发起人都备受赞誉的项目中你都有参与，那么你对这些项目成功的作用就不可忽视。你会变得闪闪发光，因为你支持的每一个人都在发光。最后，哪个会更亮——是一束光照在你身上，还是很多束光反射到你身上？

可能有人会像黑洞一样贪婪地吞掉赞扬。他们不仅会否认任何涉及你的好评，他们还会声称你的想法和策略归他们所有，甚至可能认为这些想法就是他们自己的。根据我的经验，一个人总是这样做的话，会与群众脱节，而其他人也能辨别这种行为。所以不要担心黑洞。如果你足够大方，你甚至可以选择把它当作一种恭维。

为发起人树立良好形象可以帮助你更好地将学员的需求放在

首位。当发起人充分信任你,相信你不会对其不利,并相信不需要监视你做了什么、和谁交谈、对他们说了什么,他就会给你更多的工作自由。考虑以下做法,以便将赞扬转移到发起人身上,让聚光灯照在他的身上：

● 在确定项目范围的对话中(第一章),倾听并注意双方一致的地方。在项目的后期,你可以说"马特有个好主意……",而不是"我和马特都认为最好……"

● 当发起者不在场时,赞扬他的行为、想法、对项目的支持等。他可能希望你在他在场时尊重、称赞他,但他会更重视他从小道消息中了解到的关于你在他不在时如何谈论他的情况。

● 在你起草的、由管理者们在培训前发给学员的电子邮件中(见第五章),提及项目发起人的名字,并在其中对因他创造此次培训机会让学员从中受益表示赞赏。

● 在你派发的印刷学习辅助资料中,注明项目发起人的姓名。

● 当你的工作受到表扬时,首先表达你的感激之情,然后提到是由于项目发起人的贡献,才让你的成功成为可能。

● 找机会对他的协作方式、对教学设计过程的信任,以及在面对其他需求时优先考虑了这个培训项目表示感谢,尤其是在他的老板、主管、同事和其他对他而言重要的人在场时这么做。

本章小结

如果你陷入与项目发起人之间的斡旋，他们可以迅速、轻易地限制你以及对你的工作至关重要的人员和信息。为了避免这种情况，就需要主动争取他们的支持。

当你怀着真心，很好地执行了第三章的策略，你将会得到想要的结果。你也会享受为一个自身具有价值且对组织有意义的项目而工作。学员得以学习与他们的需求相关的技能；而企业则实现了其所期望的结果——但这些只有当学员承诺学习新的技能并应用它们时才会发生。当项目发起人成功实现这个目标时，他就会成为众人瞩目的英雄。

努力实现这种平衡——在把学员放在首位的同时又能将发起人变为自己的拥护者——虽然，这可能是你最后一次为这个学习小组设计培训活动。但只要把它做好，你就已经是自己最好的公关。

培训应用

为了不断加深你对本章三个策略的印象，按照你当前的实际情况，在下面的每个刻度上做出标记，以代表你当前的效率水平。

79

然后确定你将采取哪些行动来提高你的评分——在这个方面，你总是有改进的空间！

请求项目发起人为你引荐

我完全没有接触过　　　　我阅读过本书的这　　　　我甚至可以写一本关
　　　　　　　　　　　　部分内容，并时不　　　　于这个内容的书籍
　　　　　　　　　　　　时地想这么做

我该采取什么行动来提高我的评分：

1. _____

2. _____

让项目发起人了解情况

我完全没有接触过　　　　我阅读过本书的这　　　　我甚至可以写一本关
　　　　　　　　　　　　部分内容，并时不　　　　于这个内容的书籍
　　　　　　　　　　　　时地想这么做

我该采取什么行动来提高我的评分：

1. _____

2. _____

聚焦项目发起人

我完全没有接触过　　　　我阅读过本书的这　　　　我甚至可以写一本关
　　　　　　　　　　　部分内容，并时不　　　　于这个内容的书籍
　　　　　　　　　　　时地想这么做

我该采取什么行动来提高我的评分：

1. _____

2. _____

章节任务

❏ 对你在"培训应用"中所列的提升计划采取实际行动。

❏ 起草一份以发起人口吻为你引荐的电子邮件模板，以便你在收到新项目要求时可以编辑调整。

❏ 编辑项目启动课程的议程模板，其中包括请求发起人为你

引荐。

❑ 在最初的项目课程中建立沟通协议，包括电子邮件抄送礼仪、进度报告或简报的格式和时间安排等。

❑ 主动寻找和肯定项目发起人推进项目或支持其成功的方式。

❑ 在第十章中逐章回顾你的行动计划，并更新与本章内容相关的行动。

04

哪些培训内容是
至关重要的?

如何运用两个有力问题来甄别重要内容

　　知道如何快速有效地决定培训内容是需要掌握的必备技能。这一章中重要的问题与技巧将帮助你决定哪些内容需要保留，哪些内容需要删除。而对本章标题所提问题的精简回答是：视情况而定。

　　如果去可可海滩（Cocoa Beach）冲浪，什么是必不可少的？去阿拉斯加（Alaska）看艾迪塔罗德（Iditarod）狗拉雪橇比赛呢？去阿巴拉契亚国家步道（the Appalachian Trail）徒步旅行呢？显然，旅行需要什么装备取决于你要去哪里。对于培训项目来说，情况也大致如此。内容取决于你希望学员学习到哪个阶段，以及组织想要实现的目标是什么。简而言之，要知道培训内容中应包括什么，我们需要先知道项目怎样才算成功。

　　第四章中包括了三个独立部分，将帮助你更好地快速掌握核心内容：

　　✓ 旨在提高从重要内容中提炼出有价值信息的能力的练习；

✓ 旨在重申要点的故事；

✓ 能够用以决定核心内容的"两个关键问题"法。

从重要内容中提炼有价值的信息

任意选择一个主题——比如汽车修理、阿根廷探戈、一本参考文献，然后在互联网上搜索这个主题，前面写上"如何做（how to do）"，看看有多少相关内容。在结果页面中，我敢打赌一定有部分你想快速跳过的非核心内容，大量的如果有时间你想要浏览的有价值的内容，还有小部分对你能有效地完成工作至关重要的内容。举个例子，即使比较现代语言协会（Modern Language Association）、美国心理协会（American Psychological Association）以及芝加哥风格指南手册（Chicago Manual of Style Guides）之间的不同，对于创建参考文献也是有价值的，但在撰写一份参考文献时，对你能有效完成工作至关重要的是知道要收集哪些数据，以及如何根据组织遵循的风格指南来构建你的参考书目。有价值的内容未必是必需的，关键内容才是。

> 员工们之所以需要学习，是因为他们可以运用所学的知识去完成任务。你需要学员能够完成什么任务呢？

要确定关键内容，首先必须要确定培训的预期结果。下面这个关于莱利（Riley）的故事揭示了一个常见的挑战。

莱利是一名教学设计者。当时她正与颇具影响力的部门管理者约翰（John）共事，目标是压缩现有的一个管理技能培训项目。

在准备他们第一个项目范围确定会议时,她查看了当前的课程表,用替代方案研究了管理项目,并制订了一份多门课程中涉及的技能清单。在他们会面的初始阶段,莱利建议从确定修改后的课程所要包含的主题开始,这样她就可以"逆向工作",来缩减课程时间。约翰同意了这个提议。

于是她把技能清单交给了约翰,这些技能包括培训、委派、时间管理、指导、撰写表现评估报告、渐进性惩处条例、预算、反馈、新员工入职培训、遵守联邦雇佣法规承诺、防止敌对工作环境、书面和口头业务沟通、安全性等。莱利希望约翰能指出其中哪些内容是关键的、需要保留的,哪些内容是可以删除的。约翰看了清单后说:"看起来不错,这些我们全都需要。哦,再加上面试技巧,因为最近在招聘过程中出现了一些问题……或许还能再加上如何引导离职面谈的内容。"

看到这里,你一定会把她的困境与你的处境做一番对比。在你下结论前,我们来做一个小练习。然后我们将重新讨论她的故事,然后看看你该如何识别关键内容。

共鸣练习

价值观在我们的生活中扮演着重要的角色。它推动了决定的形成,也决定了你适合什么样的朋友和人际关系。价值观是我们的核心。哪些价值观对你来说是宝贵的?下一页的方框中列出了55个代表价值观的词语。由于这个列表并不是全面详尽的,所以在练习中你需要添加自己的词汇。

　　想象一下，你正在进行一次旅行——这是一次生命之旅，而且是乘飞机旅行。你的行李限额是一个箱子和一件随身行李。在你的旅程中，哪些价值观是最重要的、必须随身携带的？查看下面列表，根据需要添加或调整的词语，并选择前 10 个。在下面的线上写下你选择的价值词语。

价值观词语列表			
成就	道德规范	正直	可靠
利他主义	信念	聪慧	恭敬
真实性	名利	欢乐	有责任心
平衡	家庭	公正	风险
美	经济保障	善良	安全
平静	适度	领导力	服务
社会团体	友谊	学习	成功
恻隐之心	慷慨	爱	教学
勇气	感激	组织力	坚韧
创造力	快乐	和平	诚实
可信赖的	健康	积极性	
教育	荣誉	力量	
情感幸福	谦逊	专业的	
同理心	包容	维持家庭生计者	
公平	影响力	人际关系	

选择的 10 个价值词语

1. _____

2. _____

3. _____

4. _____

5. _____

6. _____

7. _____

8. _____

9. _____

10. _____

觉得如何?从中只选择 10 个词语困难吗?你是否觉得很容易被某些词所吸引?也许你已经决定选择 12 个,并且打赌航空公司的代理人不会注意到你行李超重的问题!你选择价值观的挑战与约翰选择培训主题的挑战相比又如何呢?

知道哪 10 个对你来说至关重要,可能会让你感到欣慰。但是,如果你在离开家去旅行之前收到旅行劝告,说由于行李搬运工罢工,你的航班上不会有托运行李,那该怎么办?你只能随身携带一件行李,它可以装进 5 个词语。你会从前 10 个词语中挑选出哪5 个对你来说最重要的词语放在你的随身行李里呢?

在下面的线上写下 5 个词语。

选择的 5 个价值词语：

1. _____

2. _____

3. _____

4. _____

5. _____

我不知道你是否在选择 10 个词语的时候犯难了，但我知道再减少一半你肯定头疼。

现在，你在机场，手里拿着随身行李，广播里的登机口工作人员宣布了一个坏消息。你乘坐的航班发生了变化。每个人都有自己的座位，但这是一架更小的飞机。好消息是你仍然可以带一件随身行李；然而，由于空间限制，你的行李只能装 3 件物品。

请打开你的随身行李，选择你要携带的 3 个价值词语。

在下面的线上写下这 3 个词语。

选择的 3 个价值词语：

1. _____

2. _____

3. _____

一开始，你有 55 个备选词语，还有你添上去的一长串你自己对价值观的看法。最后，你带着 3 个词语登机了。如果一开始只选择 3 个，会不会看起来是一项不可能完成的任务？

你会很高兴地得知，你带上了 3 个自己选择的价值观词语和你共同起飞——而且没有再出现新的通知。然而,在一阵意想不到的气流导致仪表失灵后,飞行员宣布:"请保持高度谨慎,飞机将要紧急降落,请听从乘务员的指示。"随后乘务员通过广播指示,为了所有乘客能安全有序地下飞机,每人手里只能拿两件物品,你必须一只手抓着你的安全背心,另一只手拿着你随身携带的一件物品。那么,你将选择哪个价值词语?

在这里写下你选择的那个价值词语。

———————————————

你从这个练习中得到了什么启示?你对约翰的困境有了新的看法吗?对莱利的呢?你是否对将有价值的内容减少到至关重要的信息有多困难产生了共鸣?

实际上许多人都很难选择他们的前 10 个价值观词语。考虑下莱利对约翰提出的挑战的难度。

故事时间

当然,我可以不让你做练习,而是跟你分享一个与莱利和约翰情况相似的故事。这个故事是这样的:

买房后,我和当时的男友正准备粉刷房间。在收集了不少于三打油漆色卡后,我还是无法从中挑选出我最喜欢的。我男朋友说:"我来让这件事变得容易些。"然后他拿起两个样品放在我面前:"你更喜欢这两个中的哪一个?"我把两个都考虑了一下,选了他左手的那个。他说:"好极了。"然后把右手的油漆色卡扔到后面，表示它已经不在选择范围内。然后他从桌子上的那堆里随便选了一张与这张放在一起，然后又问："你更喜欢这两个中的哪一个？"于是这个过程继续下去，直到我们只剩下两种选择，剩下的那片赢得了"油漆色卡之战"。它是一种可爱的棕色。

显然，这个故事需要的篇幅比所做的练习活动要少。同样，我相信你读它的时间比你完成练习活动的时间更少。因此，这样似乎才合逻辑——为了缩短阅读时间，我应该放弃练习活动，只讲故事。你每隔多长时间做一次课程设计？也许为了满足时间的限制，你选择用"说"代替"做"，以便在更少的时间里容纳更多的内容。那么为什么我没有删除练习活动呢？为什么我要同时包括活动和故事呢？这些不是反问句。仔细思考，你认为我为什么会做出这个选择？你能想出一个理由吗？三个？五个？把它们写下来。

我的意图是：让你亲身体验一下约翰的挑战。我想让你站在他的立场上思考，培养你的同理心，让你知道放弃你所珍视和需要的东西是多么困难。完成练习会产生和做出艰难决定相似的沮丧感。通过体验这些感觉，你更有可能在未来回想起这些教训。但是，故事是视觉化的——你是不是仿佛能看到油漆色卡接受命运的安排掉落到地板上的情境？当你放下书，强大的视觉因素会让你更容易把故事复述给你的同事或团队成员。用心建构的练习可以让你和需要选择的内容之间产生实际联系，精心构思的故事可以在你的脑海中留下清晰的印象。两者都在变换思维方式和行为转变中发挥重要作用。你上面列出的猜想与我给你的答案一致吗？

现在回到莱利和约翰的故事。我们来重新考虑一下莱利和约翰的会面。在练习中，你的空间只能容纳越来越少的价值词汇。在故事里，

> 用心组织的培训学习可以让你和需要选择的内容产生实际联系，精心构思的故事可以让你对需要选择的内容在脑海中的印象变得清晰。

我也只有家庭房间那么大的空间，只能选择一种颜色来粉刷墙壁。在一个时间有限的培训计划中，约翰和莱利也只有仅能容纳有限内容的项目。根据你在价值词语练习和我的油漆色卡的例子中获取的经验，考虑一下莱利是否可以用不同的方式和约翰一起取得更好的结果。

在继续阅读之前，把你的想法记录下来。

决定核心内容的两个强大问题

毫无疑问，要将内容浓缩成其最核心部分需要努力和洞察力。以下我们要学的两个问题是精炼内容的关键。虽然它们不能让过程变得毫不费力，但它们可以让过程变得更容易管理，提高你的技能和效率。用这两个问题来确定哪些内容是至关重要的。

- 问题一：成功是什么样子的？
- 问题二：这会让我们更接近成功吗？如何做？

这些指导性问题会让你集中精力。它们消除了主观性，使艰难的决定变得更容易，因为这些问题可以让你根据项目发起人设定的标准筛选出来的精选内容代替捧跤式的谈判内容！

问题一：从头开始

莱利的课程和练习活动的相似之处是，你所需要排序的价值观词语代表了莱利让约翰选择的培训主题。

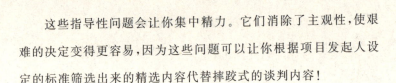

培训实际上不是关于学习，而是关于改变行为和提高表现。

从表面上看，它们都很不错。问题不在于它们是否相关、合意或有价值，而在于它们是否至关重要。更具体地说，它们是否对达到期望的结果来说是至关重要的。让我们明确一点：培训实际上不是关于学习，而是关于改变行为和提高表现。莱利和你都需要停止询问主题，而开始谈论技能。这些技能会帮助学员按约翰所要求的方式工作并达到他所要求的水平吗？换句话说，这些技能会让主管们倾向于采纳约翰对成功的定义吗？

从这个角度来看，莱利和约翰的出发点不应该是"我们需要包括哪些主题"，也不应该是"学员需要展示哪些技能"，而应该是"成功是什么样子的"。这是第一个强有力的问题。

莱利可以利用的这个关键问题的变化形式有：

● "在这次培训之后，您希望看到与现在培训还未开始相比有什么改变？"

● "学员完成培训后，应该能胜任些什么？"

- "什么样的培训后表现符合您的预期?"

- "为了达到我们可以衡量自己设计的解决方案的有效性,请用一句话概括你认为这次培训的目标是什么。"

- "在学员应该具备的所有技能中,哪一项对他的成功最为关键?"

- "有哪两件正在做或没有做的事情,会给你或公司带来最不想要的情况?"

- "员工需要实现怎么样的指标?"

- "参加者们在绩效评估中将根据什么标准被评估?"

这些问题中有许多(即使不是全部)都需要后续的调查、阐明和细节补充。后续问题将取决于对最初问题的回答。根据我的经验,对这些问题的最初反应通常既不可观察也不可测量——你需要两者兼而有之。举个例子,如果被问到:"用一句话来概括你这次培训的目标。"而约翰回应莱利说:"我们的目标是让主管能有效地领导团队。"下面是一些莱利可以用来回应的后续问题:

- "好的,那确切来说,需要通过哪些技能来领导呢?"

- "谢谢您的回答。那么高效管理者和低效管理者的区别是什么?"

- "您能告诉我员工为了达到这个要求需要做的三件具体的事情吗?"

- "对他们来说,达到目标最关键的行为是什么?第二重要的行为又是什么?"

在你的项目中有哪些模糊的目标陈述？为了达到可观察和可衡量的目标,你会问哪些后续问题？

问题二： 挑选至关重要的点

一旦确定了最终目标(或者,用"教学设计语言"的话来说,一旦确定了业务成果),莱利可以与约翰一起回顾她的主管功能、技能和主题清单,并反复提出第二个问题:"这些内容如何促成预期的结果呢?"(不过,她可能会被建议把不符合标准的内容排除——当然不是像扔掉油漆色卡那么简单粗暴。)

与第二个问题相伴而来的提炼过程是至关重要的。为了避免听起来轻浮无礼或像审问,可以试着使用这样的表达:

- "这会让我们更接近成功吗？如何做呢？"
- "您能告诉我这是如何支持您的目标的吗？"
- "具体来说,在执行工作时,学员需要如何利用这些知识？"
- "这一内容与员工绩效要求之间的直接联系是什么？"

为了支持你使用"两个问题"方法,第十章包含了一个辅助工具,它综合了本章中介绍的两个关键问题的变体。

本章小结

　　当你从"需要选取哪些主题"的角度来决定需要削减哪些内容、保留哪些内容的时候，你是在给自己以及学员出难题。相反，应该运用可观察以及可衡量的术语来确定学员需要在工作中表现的行为，然后与项目发起人确认你对成功的理解是否与其相符。在达成协议后，与之合作，仔细检查每一个可能至关重要的内容，以确定它是否会让学员更接近目标，还是会分散他们的注意力。

培训应用

　　回顾最近完成的课程设计，并回答以下相关问题：

　　1. 你是否能为这门课写出"成功"的定义？是/否

　　● 如果是，这个定义是什么？

　　● 如果否，在这个过程中，你在什么地方错过了确定它的机会？

　　2. 事后看来，哪些内容是不必要的？

　　3. 事后看来，有哪些有价值的内容没有被提升到至关重要的位置？

4. 设计中包含了哪些至关重要的内容,在你的设计中它们是否值得更多的关注?（请参阅第五、六和七章,了解相关内容）

5. 有哪些至关重要的内容被遗漏了?

章节任务

❏ 基于你在"培训应用"中所做出的答案,你会采取何种实际行动。

❏ 为了在项目启动会议上进一步确定成功是什么样子的,并要求核心内容上升到使学员更接近成功的位置,调整你们的议程模板。

❏ 与培训团队讨论将如何使用这两个关键问题来为各种学习项目确定至关重要的内容。

❏ 在第十章中逐章回顾你的行动计划,并更新与本章内容相关的行动。

05

预备工作是灵丹妙药吗？

超过50种方法让预备工作变得高效

  接下来的三章，将注重改变你的思维模式。将你的工作定义从"创造学习活动"转变为"创造持续学习"。当你这样做时，你就会得到更好的学习效果，并重新获得之前失去的培训时间。创造持续学习需要设计一个完整的学习方案：为学员准备核心课程，为课程主体内容提供多个接触点①，融入在职应用环节，在核心活动完成后继续为学员提供支持并能挖掘学员经常被管理者忽视的能力。第五、六和七章中的策略将分别帮助你在具有时间限制的项目开展之前、期间和之后设计出完整的学习方案——当然也包括那些没有严格时间限制的项目。

  要让核心学习活动在时间上延续，不是指给学员布置大量预习作业，也不意味着让他们培训结束后还要独立完成"课后作业"。它指的是在学员上课或走进培训室之前，就对核心活动产生一定

---

  ① 接触点指课程以外能让学员接触到课程内容的活动或工具等。——译者注

的认知、期待、兴奋感并了解相关的学习策略(本章对此进行了介绍)。在核心学习活动中要善用可用时间(第六章)，课后应有后续跟进、问责、持续的课程内容曝光和扩展学习，这些都与核心学习活动和预备工作相挂钩(第七章)。

为什么要大费周章？

听起来任务繁重？你都没有时间去创建培训项目，却还要挤出时间来做这些？但这真的会奏效，因此值得一试。这也是第一章和第二章中谈到的通过协商争取更多时间来创建学习方案的价值的原因之一。

请放心，你为设计一个完整的学习方案所付出的努力，将从培训前开始，就使学员、培训师、项目发起人、企业和你自己受益。具体如下：

● 学员将会满怀热情、准备充分、已获知相关信息，并带着个人目标而不是困惑而来。

● 培训师可以把握机会，让有所准备的学员在课程时间内高效地实现技能发展，而不是在毫无基础的情况下先了解学员水平、暖场，还要激发学员们的动力。

● 学员带着学习计划来参加培训，培训人员可以专注于如何达成计划，这样，你的项目发起人和企业才会获得更大的回报——他们会看到这一点。

● 至于你——你也将从这种良性循环中受益。恶性循环，即

第二章所述,是无效的培训导致培训时间减少,从而导致更低的培训效率。良性循环的方向是螺旋向上式的(这也是第二章中你所要努力的目标)。在良性循环中,你成功的学习方案将你与积极的结果联系在一起,这将赢得别人对你的技能和知识的尊重,使得利益相关者愿意寻求你的意见,倾听你的想法,并遵循你的建议——从而最终获取更好的结果。

指数增长的价值

本章中的各个预培训策略是相辅相成的。你所融入贯彻得越多,最终的效果也就越好。这些策略将被分类,以便我们能更好地讨论,但你肯定会看到不同类别之间存在着重叠。当你阅读这一章的时候,请记下你将 50 多种策略融入你当前计划中的具体方法。以下是本章策略的类别概述:

✓ 采用微型培训;

✓ 教育学员的管理者(或监督者);

✓ 为管理人员提供支持工具;

✓ 创建沟通活动;

✓ 激发学员的兴趣;

✓ 整合预备工作。

(注意:在第十章中有一个评估表,你可以用它来评估预培训工作的开展情况。)

接受微型培训

去年，我在修改一个预监管技能项目时，不断思考该使用怎样的幻灯片图片。在一幅与道德决策制定相关的视觉作品中，我设想了一个人与一个决定做斗争，他所有的选择都在他身边徘徊。这不是一幅容易找到的图像。后来我突然灵光一现，我可以自己制作。于是，我买了一张照片，照片上是一个犹豫不决的男人，他被许多文本框所包围，但文字却看起来很分散。我决定把这些文本框画成圆圈，但圆圈是平面的，看起来枯燥无聊。于是我决定用球体作为最终的形状。现在我面临的挑战是，我不知道该如何在二维空间中创造出一个三维的球体。由于自身学习活动的需要，我转而求助于互联网并找到了一个关于如何在我的设计中创建球体的教学视频。经过一些时间的观察，点击这里和那里，查看更多，再点击更多的地方后，我创造出了我的球体。耶！但是我的作品没有教学视频中的成品那么好——视频中的球体自带阴影。为了创建一个有阴影的球体，我必须再观看另外两个的视频：一个用于球体，另一个用于阴影。这些教学视频就是我所说的微型培训的例子。

当你面对一个被缩短的学习活动时，查看一下你的核心内容列表（第四章），然后决定哪些元素必须包含在核心课程中，哪些元素可以成为核心事件之前或之后的微型培训元素。挖掘你想法中的"非必要内容"。这些想法中的一部分可能可以转变为游戏或可以自定进度以及选择性的微型培训元素。这与给学员布置一堆阅读资料不同。并不是每个人都会去看选择性学习的内容,但有些人会,特别是当你将这些资料变得具有吸引力、趣味性、挑战性、相关性并能促进学习的时候。

你甚至可能不需要自己创建所有的微型培训元素——你或许可以从现有资源中获取。查看你的组织提供的培训订阅号(如Lynda.com 或 Skillsoft's Skillport),在 YouTube 或 TED.com 上搜索视频内容,并把如可汗学院(Khan Academy)和 Coursera 等供应商提供的在线课程作为你的核心课程的补充。

下面是一些关于微型培训的例子,以供思考:

● 关于我设计的一个关于工作场所中的信任的课程,学员们会收到一个简短的、现成的关于利用人际沟通建立信任的网络学习课程链接。他们可以自行选择在参加实际培训课程之前或之后访问链接。链接中包含的技能并没有出现在核心课程中,但却与其有很强的关联性。在核心课程结束后,培训师通过电子邮件发送一个在线评估工具的链接,该工具可以衡量建立信任的行为表现的程度,并就其行动提供反馈,以提高信任水平。这也是选择性的——能够激励那些重视核心课程学习的学员参与其中。

● 对于销售培训,可以考虑让学员自己进行一些微型培训。设置一个在线区域,让学员录下能够展示他们最佳销售说辞的 60秒视频,并在智能手机上发布。设置课程前的先决条件,包括发布视频,查看大家的作品,并从中选出三个最好的作品带到课堂上。在核心课程学习结束之后,创建一个新的视频录制比赛,选出培训后的最佳销售视频并发布。把观看所有的销售视频并选出最佳作品也作为课程要求。

给学员的领导上一堂课

管理者在员工参加培训前的行为会对学员是否能将学习所得运用到工作上产生最重要的影响——这其实不算秘密,只是看起来像。再读一遍。管理者?没错。

记住这一点,然后思考下面的问题。你的组织的学员在到达培训场地的时候,是否在为参加培训还是解决手机上的一个工作危机而犹豫不决?你的学员对获得证书或学分的兴趣是否超过了他们对学习能应用于工作的技能的兴趣?在回答"你想从

试一试

微型培训非常强大,可以让学员随时随地接受培训,或在需要的时候进行学习。举个例子,如果你公司的工作场所是移动的,那么你是否利用了可以在飞机或长途通勤期间下载和收听的播客呢?如果有些技能员工很少会用到,但必须学会正确使用,那么你该如何为他们提供指导(比如我之前创建的课程中,他们是否能完成创建球体和阴影方面的课程)?而且,如果你的公司支持并奖励共同协作,你是否利用了 Padlet、Hootboard、Trello、Stoodle 等工具的潜力?这些都旨在使你的微型培训单元化,而不用遵照特定顺序,以实现最大的灵活性以及用户感知价值。

这次课程中得到什么"时学员是否因为没有预先思考过而出现迷惑的眼神? 课程评估是否包括诸如"我不知道该期待什么,但这很好"之类的评论? 如果你对任何一个问题持肯定回答,请看管理者与学习活动能否成功之间的联系:在他们的员工参加培训之前,管理者做了什么,或者更准确地说,不做什么就会导致以上这些令人沮丧的情况出现。

你需要采取双管齐下的方法来指导学员的管理者(或监督者)。第一种方法侧重于引导管理者在培训中扮演恰当的角色:确立他们在培训前对员工施加的影响力,提供工具帮助他们发挥作用,并鼓励他们采取行动,从而获取更大的成功。第二种方法是通过开发一些工具向管理者介绍课程内容,从而引导他们了解课程内容。有时,管理者甚至需要自学这些内容,以便更好地为结束培训重返工作岗位的学员提供支持。

引导管理者扮演恰当的角色

为了帮助管理者认识到他们在员工的培训项目中所起到的关键作用,你需要决定如何与管理者沟通关于员工学习新技能和成功提升工作绩效的三个最具影响力的因素:

1. 管理者在培训前都做了什么?

2. 培训师在培训期间做什么(见第六章)?

3. 管理者在培训后做什么(见第七章)?

成功的培训需要一个"管理者三明治"! 这些发现是基于布罗

德（Broad）和纽斯特朗姆（Newstrom）（1992）在《培训转移》（*Transfer of Training*）一书中发表的一项研究。这本书很值得一读。学习部门有责任让管理者认识到他们的作为或不作为对学员的成败有着不可否认的影响。那么作为预培训的合作伙伴，管理者在学习过程中可以做些什么呢？请看下面的列表：

● 向学员传达对学习机会的兴奋感。

● 告知员工对课程可以有哪些期望。

● 建立对每个员工的期望值——建立在培训结束后学员可能做到的基础上。

● 与每位员工一起制定预培训学习策略（列出要获得答案的问题，选择一个项目或挑战作为个人案例研究进行培训，要求学员记笔记并制订行动计划，确定他们将如何为课程做出贡献，等等）。

● 管理好员工的工作量，使他们能够充分关注学习机会。

没有你的帮助，管理者除了列表中的最后一项，很难有效地做任何事情。你可能已经在做这些事情了，那就太好了！当你阅读时，问问自己如何才能更有效地完成这些任务，并注意你没有完成的任务——以及你将如何改变这些。

为了提高管理者作为学习过程中的合作伙伴的预培训效率，你可以采取以下行动：

● 写一些吸引人的课程描述（这个想法会在后面的章节具体展开）。

● 提供相关指导，指出哪些人应该参加你的课程，哪些人不用参加。

● 与业务单位进行合作，安排课程，使员工可以共同参与专业发展活动。

● 直接要求管理者将员工的培训时间作为一个连续体来安排，其中包括：（1）分配培训前的时间，设定学习目标，结束开放项目，完成必要行动，做好暂时离职通知等；（2）分配培训后的时间，实施行动计划，向管理者汇报经验，重新进入他们的工作角色，采取新的表现（最初可能需要更多的时间），与其他员工分享学习，等等。

● 通过要求管理者们保证员工在培训期间不受到干扰，来保障学习时间。例如，暂时重新分配他们的核心职责，在学习期间不给他们发短信/打电话/发邮件。

● 在培训前与管理者协调，将培训后的行动纳入工作职能的绩效标准。

向管理者介绍培训内容

在前面的列表中没有包括的内容，是加强管理者主动了解活动内容的意识的策略——也是培养管理者的第二个方面。这个内容有自己的列表。要想让管理者或监督者在不了解新技能和课程内容的情况下，支持员工应用新技能和课程内容，说好听点，是一种挑战。但若说实话——你目前所做的这个项目还有很大的改进空间。

管理者需要了解多少以及让他们了解的最好方法，因组织、计划和课程的具体因素不同而有所不同。这里有一些不同的方法来加强管理者在这方面的意识，提高技能。选择在你的项目限制条件下最可能实现的做法。

● 开发一个项目的简化版本来让管理者参与学习。这不是一个简报、演示或口头服务的培训。它应该是一个紧凑的学习活动，介绍与真实培训相同的技能，让管理者能发展运用这些技能。同时，提供你创建的工具，以帮助管理者支持参加培训的学员学习发展这些技能。将此简化版本安排在学员版本之前。

● 权衡允许管理者参加课程的利弊。如果你认为利大于弊，就要求管理者们参与进来，而不仅仅是观察，并建议培训师保证管理者们在任务小组中不与其直接下属分在一组。

● 为管理人员提供完整的学员资料和能突出课程关键内容、概念、工具和资源的指引图。

● 将课程总结成"一页"核心内容，让管理者在设定对员工的培训期望值以及在培训后为他们提供支持做参考。

● 为管理者提供课程时间表。其中包括学习目标，并将其与对员工在职表现的期望联系起来。

构建管理者的支持工具

当你起草提案或项目可交付成果、扩展你的开发计划时，不仅仅要创建学员和培训师的材料，还要包括管理者的材料。你除了创建资源以引导他们适应课程内容（在前一节中讨论）之外，还要

考虑可以提供哪些工具,使管理者能够更有效地在员工参加培训前为其设定培训期望值。以下是一些值得考虑的做法:

● 制定与员工进行培训前对话的脚本语言。

● 完成给学员的培训合同模板。模板中一定要包括双方各自执行具体行动的地点或方式,以及执行这些行动的最后期限。

● 设计学习计划模板(参见第十章的多个想法)。

● 提前准备后期需要发送的电子邮件(将在本章后面讨论)。

● 设计培训结束后的面试指南,包括指导问题和特定课程内容的问题,以及适当的答案。

建立沟通活动

你可能已经设计并开发了一门非常强大的关于谈判技巧的课程,但是如果没有人知道它,它能多有用呢? 仅仅将课程名称和描述添加到培训日历中并等待学员报名是不够的,你还需要为它造势。实际上,你甚至需要为它制定营销战略。

首先记录为课程所做的沟通计划,包括活动内容和日程安排。

● 广泛撒网。包括学员的管理者、培训师、管理团队、项目发起人、影响者或其他关键人物的信息。

● 时机因素。每个因素在什么时候能达到最佳效果以及由谁来协调这些时机?

持着"车到山前必有路"的想法而故步自封是一种冒险的策略。相反,要向市场营销和广告专业人士学习,他们是培养热情、炒热话题和创造价值主张的大师。

更进一步，将这些影响因素考虑进去：高峰工作时间、假期时间表，以及既定的事件，如董事会议、行业会议、国家宣传日/周等。

● 计划多种沟通渠道。包括电子邮件（见下面的想法）、传单、海报、简报和内部网站文章。

● 分享之前学员的成功故事。不要只是宣称"这是个不错的课程"，而是要拿出实际例子来，说说以前通过使用项目中所开发的技能和所提供的工具，获得良好结果的学员。

接下来，创建元素环节。在理想的情况下，它们会建立在彼此互相补充的基础上，重复而不累赘，具有吸引力，并能鼓励学员。以下是一个可以激发你在培训前的灵感的做法（请参阅第七章沟通活动的培训后因素）：

● 拍摄关于学习拥护者或组织关键人物的有吸引力的简短视频。这个视频的重点是要有趣。通过这样具有娱乐性的信息呈现方式，为学员展示为什么要提供这门课程，他们可以期待什么，甚至告知管理者也可以有所期待。

● 在培训前制订一份谈话指南以促进管理者/员工的讨论。这包括脚本语言以及推荐的课程成果。引导管理者对学习机会产生兴奋感，分享员工参加项目的积极原因，指明参加项目的员工的利益，并设定对学习内容将如何运用的期望。

● 在培训前，培训师给学员群发邮件。为活动设定一个积极、合作的基调；分享给学员计划的成果和预期的好处；告诉学员应该带些什么来到课堂，以便充分参与其中；解释并添加需提前做好的准备工作。(参阅第十章的工作表,阅读小提示和培训师的电子邮件示例。参阅第七章,查看培训后电子邮件内容示例。)

● 在培训前,管理者向学员群发邮件。为了加强培训前的沟通,管理者将在培训前每隔指定时间额外给学员群发邮件。

——培训前一个月:这封邮件应该重申管理者对课程的热情,选择员工参与课程的原因,参与的员工和工作部门得到的好处,并分享课程大纲和学习目标。

——培训前两周:邮件内容将提供更多关于课程内容和课外材料的细节,分享管理者对员工参与课程和活动结束后能学以致用的期待,并提供一个培训合同模板,由管理者和学员完成并执行。

——培训前两天:这条信息应该提醒学员在参与培训时做好离开工作岗位的通知,鼓励他们享受学习的过程,并安排在培训结束后重新集合的时间,以检查学员的学习应用计划。

● 为行政团队或学习管理系统(LMS)群发电子邮件。其中包括课程名称和概述,提醒学员需要携带或下载的项目,以及所有后勤信息。

——同步的网络学习,应包括课程日期、起止时间、访问事件的指南和故障排除的联系人。

——自主学习,应包括完成课程作业的最后期限、课程内容链接或访问课程内容的指示,以及确保他们获得学分的相关指导。

——面对面导师指导学习,应包括日期、起止时间、地址、停车说明、是否提供用餐等。

激发学员的兴趣

站在一个可能参加课程的学员的角度上，去思考你的课程。你应该考虑到他们可能面临着工作中的挑战，可能受到个人和职业方面的压力，或者甚至没有意识到他们需要参加这个课程。那么，你将如何让学员对培训产生兴趣？试试下面这些方法：

● 写下课程描述（见方框），描述这个学习项目将如何解决问题、节省时间、减少开支和浪费，或者用其他有意义的方式使学员受益。你无法通过告诉学员你的课程对组织有什么好处而来激励他们，你应该让他们看到培训将如何帮助他们自己在工作中表现得更好。

重写课程概述

典型的课程概述

"简单解决方案"软件技能课程（The Simple Solutions Software Skills class）是一个针对具有议程项目编写职责的员工为期半天的学习活动。该课程将引领学员了解新界面，并涵盖创建和修改议程项目的内容。学员将学习如何登录界面，编写议程项目，附加展品，提交审批项目，对项目进行修改，以及提交需包含在委员会会议议程中的项目。这是一个对所有行政人员和员工都非常必要的培训，无论他们的议程项目是正在撰写还是等待审批。

带着市场营销的想法，再重写课程概述

厌倦了手动创建和修改议程项目的过程？是否对追踪项目审查者以及这个项目距离批准有多近而感到筋疲力尽？你不是一个人，但你将是最先使用新的"简单解决方案"软件技能课程系统来简化这个过程的人之一。在亲自体验培训课程之后，你将能够使用"简单解决方案"（Simple Solutions）为20××年10月1日委员会会议创建议程项目。我们将为你的成功奠定基础！下面的学习目标，概括了你将会学到的所有技能。

现在你来试试吧

为你最近正在开发的或即将到来的课程重写课程概述。

● 举例说明课程结束后学员会取得什么收获。这些元素也可以加入你的沟通活动（前面讨论过）。

● 设计简洁、吸引人的信息图表，用以总结你课程的关键元素、从课程评估中收集的数据或者应用学习内容的例子。将信息牢牢对准这些元素，并传递给你的目标受众——毕竟管理者关心的东西与能激发学员的东西是不同的。

● 创建一个可以使用社交媒体、你的学习管理系统（LMS）或协作工具如 SharePoint、Yammer、Bitrix24、SocialCast 或 Chatter 等由学员主导的交流讨论区，在这里你可以促成讨论，然后让学员主导自己的学习方向。

● 在组织内公开以前的项目的评估数据。

整合预备工作

当然，当培训时间减少时，预备工作可以用来延长学习过程。然而，本书的引言已经指出，通过给学员布置大量预习任务来解决培训时间缩减带来的问题是不可取的。原因很简单：大多数预习工作根本无效，学员们顶多只会小和尚念经。而且其中还有一个顽疾——在任何一组学员中，都会有人根本不读你给的预习材料。这就引出了一个问题："预习内容对核心课程至关重要吗？"如果回答"是"，并且有些人没有读过，那么培训师该怎么办呢？如果答案是"否"，别人在参加课程前花了工作时间或私人时间阅读后，他们又会问："我为什么要做这些？"

所以，布置阅读形式的预习任务并不是你成功减少培训时间的关键。然而，前期工作只要完成得好，就可以成为解决方案的一部分。如果你选择布置预习任务，这里有一些好办法，既能使学员获益，又不为其增加负担：

● 对完成预备工作所需的时间预增奖励时间。

● 解释预习任务与培训之间的联系，并说明是否必须在参加培训前完成。

● 告知管理者预习任务的要求。

● 提前足够长的时间发布预习任务的通知和完成任务所需的

预估时间。

● 为完成预习任务提供明确的指导。

● 要求学员确认收到预习任务的通知,对未收到通知的学员进行跟进,确保其收到,并明确对学员的期望。

● 当你必须要通过一些基本数据(即通过阅读之后的反馈)来划分学员水平时,务必要明确对学员的期望值。解释通过该过程划分水平的目的,说明这个结果是否会在课程中被经常用到,还是只会顺带提及或是在课程中不会明确地涉及,并指导学员如何处理这个结果。例如,大致浏览以更新现有的知识,仔细阅读新的或不熟悉的部分,并根据各自需要对内容提出问题。

下面是一些学员在进行课前预习时要注意的一些地方:

● 完成预先评估,否则将在培训期间完成,预先评估能让学员以自己的节奏工作,而不受其他同伴的压力影响。

● 研究真实案例。例如,在一个高级谈判技巧课程中,学员基于真实案例进行角色扮演来模拟谈判,给学员 4 个小时让他们对模拟谈判进行提前准备。要求学员尽可能多地了解供应商、其管理人员、业务实践、公司合同等相关内容,然后制作他们的谈判工作表。

● 研究与培训主题相关的最佳实践案例,并将发现成果带到培训中。

● 简要阅读与培训中将会讨论的一系列问题相关的背景内容。

● 完成自我评估练习，以明确一些与培训相关的学员信息，比如学员的个人风格、优势、态度等。

● 记录存在的问题、当前的挑战，或学员希望在培训中寻求答案、策略或工具来解决的难点。

● 评估一个你可能已经创建或获得的微型培训因素（前面讨论过）。

本章小结

当你期望学员完成(面对面或线上)学习活动后,他们就能在短短几分钟内从对课程内容一无所知或可能不感兴趣变得可以应用这些技能并利用它们创造收益时,你就是在强人所难。很有可能你的汽车从 0 加速到 150 千米/小时所用的时间比许多课程设计提供给学员消化学习内容的时间还要多。

这不仅仅是关于学员在活动之前做了什么。事实上,最重要的是他们的管理者在此之前做了什么——也就是说,关键是你应该怎样让管理者成功做好他们应该做好的事。

如果有一种能够提高培训效率的神奇力量等着你去发现,那么它一定存在于培训前的这段时间里。你可以通过利用尽可能多的预培训策略来发掘这种强大的力量。

培训应用

把这个圆划分为由三个部分组成的一张饼图。每部分各代表培训前、培训时和培训后三个时间段中,你在设计、开发资源、支持、活动等方面投入的时间和精力的所占百分比。

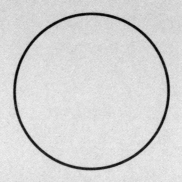

想想上面的饼图，你会如何描述你花在开发预培训工具上的时间比例？

太小了 | 正好 | 太大了

你将采取什么行动来调整用于开发预培训活动的时间和精力？

1. _____

2. _____

3. _____

在你的预培训交付成果中，在用以发挥或者扩展你的作用的策略旁边打钩。打了钩的选项，在计划中做好笔记，以便整合。

❑ 采用微型培训。

笔记：

❑ 培训学员的管理者(或监督者)。

　笔记:

❑ 构建管理人员的支持工具。

　笔记:

❑ 创建沟通活动。

　笔记:

❑ 激发学员的兴趣。

　笔记:

❑ 整合预备工作。

　笔记:

章节任务

❑ 使用第十章中的评估工具,对自己的培训前时间利用情况进行自我评估。

❑ 从小处开始着手——寻找机会来获取、构建、整合和利用微小的培训元素。

❑ 阅读布罗德和纽斯特朗姆所著的《培训转移》一书。（虽然在阅读了本章的相关讨论之后，这似乎是一个具有讽刺意味的建议；但对于设计师和培训师来说，这是非常重要的内容。它将为你提供学习理念转移的广泛知识基础，这些是在时间紧迫的情况下创造更好的培训所需要的。）

❑ 将为管理者设计的支持工具添加到提议的可交付成果中，分配一定的时间来创建它们，并引导管理者使用它们。

❑ 放大格局——扩展你在项目开发中的作用，包括创建一些议程项目，虽然学员不会在学习过程中体验到这些议程，但它们却是你整个持续学习过程的一部分。

❑ 为你正在制作的项目拟订一份沟通活动计划，或者如果你目前刚完成一个项目且正要开始着手一个项目，考虑一下在你上一个项目中本该加入但没有加入的内容是什么。

❑ 注意那些能吸引你的注意力并影响你行动的营销和广告活动，然后考虑如何在你的课程和目标学员中利用类似的策略。

❑ 致力于用高效的预备工作代替低效的课前阅读。

❑ 在第十章中逐章回顾你的行动计划，并更新与本章内容相关的行动。

06

如何让有限的培训时间
变得有意义？

65个办法促成更好的培训

在上一章中，我们开始探索如何创造持续学习的过程以弥补不足的培训时间。在这一章中，我们将探讨如何最大限度地利用有限的培训时间。

那么，在有限的培训时间内，哪种学习策略能带来最大的回报呢？是那些让学员参与的还是使学员进行个人反思的？是那些让学员努力学习的还是让学员有目的地玩耍的？是那些让学员经受小挫折的环境，还是那些故意让学员获得成功的环境？这些不是矛盾的对立面，而是各种学习策略的综合，可在有限的时间内（或者说，在任何时间内）提供最大的回报。

当课程时间紧迫时，你应该仍旧运用这些策略。这一章提供了一套包含 4 种策略的方法来助你达到目标，本章还包含了超过 65 个可以应用的案例和做法。这些方法相互补充，如果把它们结合起来，在培训时间被减少的情况下，它们在提高记忆力和工作表现方面的价值就会急剧提高。不要将这些策略视为独立、各不相干的想法。相反，要想办法将这4种方法综合运用到你的最终解决方案中——无论交付形式是什么。

本章所述的培训技巧同样适用于教学者主导的培训、自定进度的网络学习、在线同步的培训和一对一的培训活动。

✓ 从信息提供者转变为信息挖掘者；

✓ 成为图书馆馆长——而不仅是图书管理员；

✓ 综合六大基本要素将学习效率最大化；

✓ 利用培训师的职能。

（注意：请参阅第十章，获取一份评估报告，你可以用这份评估报告来评估自己在充分利用培训时间方面的表现如何。）

从信息提供者转变为信息挖掘者

充分利用有限培训时间的最佳策略就是重新定义你的角色。你需要从信息提供者向信息挖掘者转变。提供者向学员提供信息，而挖掘者帮助他们发现或"挖掘"信息。你怎样才能知道自己是提供者还是挖掘者呢？如果以下任何一条对你来说是正确的，你就需要做出这个根本性的转变。

❏ 在课程结束时或课程期间，学员问："你为什么不把幻灯片发给我？我本可以自学而不用来这里。"

小贴士

没时间阅读这一章？这里有一个重要的结论：几乎所有真正有教育意义而不是纯粹说教的活动都会比仅仅和学员交谈有更大的回报。

☐ 这是你的学员的在线学习体验：读幻灯片，单击"下一张"。根据上一张幻灯片的内容回答问题，再单击"下一张"，重复，以此类推。

☐ 你设计的由教学者引导的项目，中心环节是一个固定的专业团队与学员分享他们的知识、经验和最佳实践，紧随其后的是问答环节——使项目具有"互动性"。

☐ 你大部分的设计和开发时间都用在将现有的信息重新包装到新的交付渠道中，如手册、参考指南、辅助工具、视频、图表、要上传到共享驱动器的文件，或是要发到课程博客上（而不是用在设计实现内容交互的活动中）的文章。

从信息提供者向信息挖掘者转变

当你通过这个新视角审视自己的角色时，当你从把内容推给别人到把内容从别人身上揽过来时，你就增加了学习的价值，减少了实现有意义学习所需的时间。

当然，说出来、分享出来，分发辅助工具，或者演示出来的时间可能比提取信息的时间还短。但谈论和分享并不能促成对知识的掌握。

☐ 在上了一整天课之后，你已经筋疲力尽了，你的喉咙因无休止地讲课而沙哑。

☐ 在你的同步网络培训中，参加实时会话的学员与那些收听会话录制版本的学员有相同的体验。

☐ 作为一名管理者，你正在向培训团队提供大量的信息，并设定学员"需要掌握所有内容"的期望值。

将前面列出的典型培训失误案例与以下在有限时间内获得最

大回报的学习策略进行比较。

✓ 那些参与其中的。

✓ 那些进行自我反思的。

✓ 那些促使学员努力学习的。

✓ 那些让学员带着目的去玩游戏的。

✓ 那些让学员在安全环境中失败的(学员的失败不会带来严重的负面后果)。

✓ 那些帮助学员成功的。

很明显，无论是通过讲座、视频、幻灯片内容还是其他方式，向人们灌输数据都不利于学习。相反，尊重学员已有的知识，吸取他们的经验，将他们的课程背景带入学习活动，挑战他们，支持他们，为他们提供资源，使他们获得乐趣——这才是奇迹发生的真正原因。

如何实现这个转变

作为一名教学设计师，你的挑战不是找到最令人信服、最清晰、最直接的方式来解释一项技术、模型、行动或知识。相反，在找到了最直接的路径后，你的挑战是设计一个过程，只要学员遵循这个过程，就总能通过他们自己的努力探寻到你想让他们学习的东西。

为了举例说明我的意思，我将用以上谈到的策略来解释。如果这一章是一个学习活动，我想要学员自己挖掘信息而不是向他们提供信息,我可能会遵循这种方法(首先详述教学者主导的课程,然后是自定进度的网络学习培训项目)。

主持人引导摘要

展示幻灯片:在有限的培训时间内,哪种学习策略能带来最大的回报?

说:你们已经知道这个问题的答案了。

热身活动:想想你参加过的一次很糟糕的培训。写下 3 到 5 个对你来说导致它无效的原因,然后和伙伴分享你的想法,找到其中的共同点。

后续活动:现在,想想你经历过的一次你珍视并受益的学习活动是怎么样的。让我们称之为高效培训。是什么让它有效且获得你的重视? 同样地,写下 3 到 5 个具体的原因,和你的伙伴分享你的答案,找出其中的共同点。

汇报:用循环问答的形式在两张图表上分别记录两个问题的答案。

说:(指着第一张图表)好了! 这是一个很好的列表,列出了当你缩短培训时间时不应该做的事情。

继续汇报:根据需要,讨论补充同属于糟糕列表的其他理由,如:

✘ 这与我的工作无关。

✘ 课程设置侮辱了我的智商。

✘ 我不清楚我应该从这门课上得到什么。

✘ 我不得不挣扎着保持清醒。

✘ 几乎没有什么内容对我来说具有挑战性。

✘ 我在练习中没有收到任何关于我表现的反馈。

✘ 我被灌输给我的大量信息淹没了。

✘ 课程中并没有任何可以在培训完成后让我在工作上做得与之前不同的设计。

继续汇报：讨论如何实现第二张表中列出的高效培训策略。根据需要,讨论补充同属于高效列表的其他理由,如：

✔ 它解决了我正在面临的一个问题（或提供了工具来解决问题）。

✔ 它是我的岗位所需要的。

✔ 我的知识在课程中得到了运用,并与他人进行了分享。

✔ 我从学习同伴身上学到了与在课程中学到的同样多的东西。

✔ 我发现活动的目的是为了揭示信息。

✔ 我总能及时收到反馈,这样一来,即使我的答案不正确,我也能清楚地理解其中的推理过程。

说：这些高效的培训特点是好的培训设计的基础。进一步说,如果你想在一半的时间内完成更好的培训,你就需要在短时间的学习中保持这些特征。

对于一个自定进度的网络学习课程,我将在 5 张幻灯片上遵循同样的逻辑进行示范练习,如下面的基本模型所示。

第一张幻灯片:

在有限的培训时间内,哪种学习策略能带来最大的回报?

第二张幻灯片:

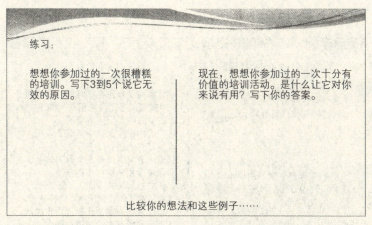

练习:

想想你参加过的一次很糟糕的培训。写下3到5个说它无效的原因。

现在,想想你参加过的一次十分有价值的培训活动。是什么让它对你来说有用? 写下你的答案。

比较你的想法和这些例子……

当点击"下一步"时,第二张幻灯片上的动画:箭头指向左边屏幕区域,配以文字"避免这些";箭头指向屏幕右侧区域,并配以文字"整合这些"。

第三张幻灯片：

> **糟糕的培训**
> ×这与我的工作无关。
> ×课程设置侮辱了我的智商。
> ×我不清楚我应该从这门课上得到什么。
> ×我不得不挣扎着保持清醒。
> ×几乎没有什么内容对我来说具有挑战性。
> ×我在练习中没有收到任何关于我表现的反馈。
> ×我被灌输给我的大量信息淹没了。
> ×课程中并没有任何可以在培训完成后让我在工作上做得与之前不同的设计。
>
> **高效的培训**
> √它解决了我正在面临的一个问题（或提供了工具来解决问题）。
> √它是我的岗位所需要的。
> √我的知识在课程中得到了运用，并与他人进行了分享。
> √我从学习同伴身上学到了与在课程中学到的同样多的东西。
> √我发现活动的目的是为了揭示信息。
> √我总能及时收到反馈，这样一来，即使我的答案不正确，我也能清楚地理解其中的推理过程。

第四张幻灯片：

将第三张幻灯片左侧的标题和内容去掉，替换成下图左侧的标题和内容。

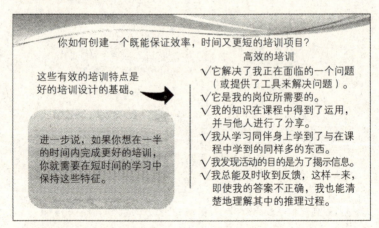

第五张幻灯片：

现在，评估一个你自己的课程设计。
根据你的分析，创建一项行动计划。

    你在这些示例中看到了信息的挖掘吗？你意识到从说到问，从倾听到学习（学员的部分）的微妙转变了吗？你是否注意到这些例子都是从提取学员已经知道的知识开始，然后根据需要进行补充、添加或重新定向？当你将"准备好的内容"作为事后回顾、回答指南或补充促进内容等时，你就正在向信息挖掘者转变。

    我曾听人说，律师从不会在自己不知道答案的情况下向证人和被告提问。律师其实是用问题来讲述一个故事，挖掘他们希望陪审团听到和记住的信息。你可以使用同样的方法来挖掘你希望学员在工作时记住并利用的信息。

突破苏格拉底①式教学法（Socratic Approach）

提问是挖掘信息的必由之路，但并不是唯一的途径。让学员探索、比较、得出结论、解决问题、发现联系和应用模型的练习也是"挖掘"信息的办法。简而言之，应让学员在课堂上运用他们的知识。成人学员总是知道一些事情——可能不是"正确的事情"——但这是他们已有的知识呀！当你找出他们所知道的，你的学习活动可以验证它，为它重新指明方向，影响它，有必要时还能纠正它。下面是两个不通过提问来挖掘信息的例子：

● 一节语法课上，先不着急对词性进行定义，而是准备一套卡片分发给各小组。一半的卡片列出了词性，剩下的卡片上面写了词性的定义。各小组会努力匹配卡片。根据我的经验，一旦名词和动词被迅速而正确地配对，人们就会开始找连词，并把它们搭配起来，然后就会围绕副词和形容词展开辩论。结果是学员很快地评估了他们所掌握的和没有掌握的东西，他们互相学习，并且变得乐于接受指导。（如果是在线课程，可以将学习形式转变成用鼠标拖放匹配的游戏。）

● 对于一个致力于解决员工绩效下降问题的在线管理类学习

---

① 苏格拉底是古希腊著名的教育家和哲学家，他的教学方法被称为苏格拉底式教学法，又称辩证法。他主要采用对话式、讨论式、启发式的教育方法，通过向学生提问，不断揭露对方回答问题中的矛盾，引导学生总结出一般性的结论。——译者注

项目来说，应该放弃在屏幕上列出要采取的步骤这种做法，转而创建一个分支场景，使学员对行动进行选择，并一步步自我探索，取得进步——就像编写一本属于自己的冒险书。如果管理者选择的路径导致了一个他不希望的结果，他可以回去做出新的选择，在重新导航场景时请求指导提示，或者查看对于他所做选择的反馈。尝试使用 Twine 软件（twinery.org）来构建你的分支场景。（对于教学者主导的实体课程，可以把形式转换为一个"离开座位"的学习伙伴活动。两两配对，为每一组提供一张情景卡，并根据他们选择采取的行动，引导他们到房间里的一个位置，在那里他们可以找到他们选择的结果和下一步的选择，等等。）

成为策展人，而不是图书管理员

图书管理员是伟大的！他们知识渊博。更厉害的是，他们知道如何找到他们目前所知甚少或一无所知的东西。他们是令人惊奇的专业人士。但不要以图书馆学论来塑造你的教学设计风格。

相反，想想策展人。艺术策展人监督着展览的每一个细节。他们选择要呈现的内容，选择能吸引观众的方式布置展台。策展人的工作与电影导演的工作类似：他们既要监督制作每一个细节，又要挑选合适的内容，而且还要毫不留情地削减多余的部分。

策展人这个词来源于拉丁语"*curare*"，意思是"注意，照顾"。作为一名教学设计者，你的职责是照顾好学员——为他们提供成功所需的东西，隔离并保护他们免受其他一切的干扰。

在缩短的学习活动的过程中常常会产生一种奇怪的冲动，就是拿掉让学习发生的那部分内容。小心被诱惑。无论是练习、探索知识还是建立新的学习联系都是需要花费时间的。在你被压缩的学习活动内时间是有限的。你其实有两个选择：1. 拿掉促成学习的那部分内容（请不要这样做）；2. 删去本书第四章中已经指出的那些不重要的内容。

所以，竖起一道防线，只允许有用的内容进入，策划一次特别的学习体验。以下是一些可以尝试的做法：

● 如果你没有按顺序阅读本书且跳过了第四章，实际上第四章的两个问题技巧是为了帮助你区分出重要的内容和有价值的材料，这样你就可以减少课程内容——而不是削弱合理的教学设计的基础。你还可以针对特定的人群创建课程的多个版本。通过这种方法，你可以设计"基础课程"，并根据具体的学员定制内容。例如：

——你的全球呼叫中心团队可以为在美国、加拿大、亚洲和欧盟工作的团队定制项目。国家间不同的法规、文化习俗、客户期望和产品特性可能会让一些因素在某个版本中很重要，在另一个版本中不重要。

——你的销售团队可以有两个方向：一个用于内部销售，另一个用于外部销售。

——对于一个管理技能计划，设计一个实地版本和一个办公室版本。

——你每年的网络学习标准化培训可以为管理者/主管和其

他员工提供不同的培训方向。

● 在一个多课程的项目中,需要创建从一个课程转到另一个课程的流畅过渡。一个精心策划的事件与其他事件相比,似乎每部分都运转得流畅不费力。用相同的谨慎和逻辑构建你的课程。从设计过程之外的人那里寻求客观的观点,以确保第一次体验课程的人能够明白课程之间所存在的联系。

● 不要接受你在已有时间内做不到的额外任务。

综合六大元素将学习效益最大化

在设计课程将遵循的流程时,注意整合以下六个元素。

1. 背景;

2. 有目的性的介绍;

3. 目标设定;

4. 实际运用;

5. 自我反省;

6. 即时行动。

这些不是基本内容以外需要包含的元素,而是承载内容的框架。通过构建整合了你所确定的核心内容的活动和练习来创建这六个元素,如下面的例子所示。

背景

课程背景的创造将为学员提供基础和方向。课程背景建立关联性,激发兴趣,增强学员的内在动力,将微观角度下的学习活动与宏观角度下所期望的业务结果联系起来,等等。它为学员提供了一堆关键问题的答案：为什么是这个,为什么是现在。

以下是关于如何创造课程背景的五个建议。

● 分享课程发展的历史原因,以及学员被选中参与的原因。以下是不建议的表达方式："在过去的一年,组织遭到了多起骚扰诉讼。因此,所有员工都必须完成这项敏感性培训计划,这是强制性的要求。"相反,你可以这样表达："当行政团队在研究吸引优秀人才和建立值得公司为之努力的声誉所需要的元素时,'尊重和宽容的文化'在员工调查和讨论小组中被反复提及。因此,……（确保你在表达时保持积极的态度,不要使用之前类似'强制性的要求'的表述）。"

● 提出一个与学员相关的,并且培训课程将提供解决方案的挑战。邀请他们说出自己的应对方法（即使是在自定进度的网络学习中）,探究确定这些方法的效果,并在此课程背景下展示该课程的价值。这个课程会使这些方法更高效、更多产、更少压力,还是有其他促进效果？

● 以讲述一个故事开始,说明培训项目的内容如何使你或以前的项目学员受益,并将其与课程如何帮助听到这个故事的学员联系起来。

● 录制一段简短的视频片段,让已经结业的学员分享他们应用课程内容的具体方式。从结果的角度考虑——他们是否简化了某个过程，减少了由错误引起的返工，解决了某个问题，达成了某个协议或是通过行为指导了其他员工？这样的推荐会在一定程度上营造出一种氛围，这是"我喜欢这门课""我希望我能早点参加""这个项目改变了我的工作方式"这些话所无法做到的。

● 展示一张图表，罗列职位晋升、技能培养或证书获取等所需要的技能和行为，并说明本课程包含了哪些上述的技能和行为教学。

有目的性的介绍

不要放弃介绍，而是省略那些浪费时间的介绍。设计师、培训者和学员都希望体验与工作目标没有直接关系的新鲜事和乐趣。但是时间是宝贵的——学员期望我们不会把他们的时间浪费在愚蠢信息、流行文化、体育数据等与他们要学习的东西毫无联系的事情上。培训时间很紧张时，任何浪费时间的念头都是不可取的。

这是否意味着放弃乐趣？不！有趣的介绍为学习活动奠定了基调，并在一开始就为学员营造一个舒适的氛围，让他们勇于接受批评，帮助彼此成长。这也确实意味着你应该设计囊括项目内容的介绍。

理想情况下，介绍会为活动定下基调，介绍的内容往往丰富有趣，与课程的目标直接相关。让我们看看流行的破冰案例——两个真理和一个谎言（Two Truths and a Lie），可以如何转换成一个"有目的性的介绍"。这个活动通常是每个人向小组讲述三个关于自己的陈述,其中一个是假的,然后由小组其他成员猜哪个是谎言。如果一个时间管理课程是以这个活动开始的,那么尽管这个小组可能会玩得很开心,但这 20 或 30 分钟的时间却没有被好好管理。如果将该活动转换为一体化的内容,则可以按照下面方框中所示的样本改编活动。

两个事实和一个谎言,改写后

说:让我们来找点乐子,找出你已经做得不错的事情,同时列出一份时间管理的最佳实践清单。请考虑三种有效的时间管理策略:两种是你一直在执行的——你的"事实",一种是你应该做但没有做的——你的"谎言"。

邀请:当其他人猜测哪个是"谎言"时,学员之间相互分享各自的名字、位置和自己的三个陈述。

记录:在活动中,在一张表上记录所列的"事实",在另一张表上记录所列的"谎言"。

讨论:

● "谎言"没有落到实处的原因。
● 学员若应用所有的策略("事实"和"谎言")所获得的好处。

允许:给出时间让学员对清单和行动计划/笔记进行自我反思。

经过改写,表 6-1 中的活动可以实现多种效果:

✓ 允许学员认识和了解彼此。

✔ 确定该小组已经在使用的策略。

✔ 促进同伴之间的交流,接下来导师和学员之间的交流可以对其进行补充。

✔ 尊重学员分享的知识、技能和经验。

✔ 帮助培训师从学员的背景角度改善课程材料。

✔ 将小组引导至课程目标。

✔ 同时鼓励大家能享受乐趣。

这里有七种关于如何创造有目的性的介绍的做法:

● 构建一个与主题相关的首字母缩写词的填字游戏,确保这些字母是高频词,但不容易立刻被想到。制定

> 做:在整个课程中参考列表,并根据列表内容为本小组量身定制可交付性计划。用它们来强化学员自身背景中包含的课程内容。

活动规则,要求学员与新伙伴一起研究每条线索。

● 修改一个标准的"结交三个新朋友"的活动,让学员互相讨论交流并共同想出三个与主题相关的最佳实践。分发名字标签,用所写的想法代替名字——指导学员写下他们的想法而不是他们的名字。

● 在变革管理课程中,设计一个会让大多数学员感到不舒服的行动(比如要求他们换座位,把鞋子穿错脚,用不惯用的手写下三行信息等)。然后让他们反思自己的感受,以及这种被迫改变的原因,并让他们思考这与他们工作或生活中面临的改变有什么相似之处。借助一份事先准备好的自我描述清单,根据答案将学员

分类,让他们前往不同的房间位置,每个位置代表不同的改变(比如,我需要额外的时间,我讨厌别人告诉我该做什么,我不那么自信)。邀请留在原地的学员分享他们的回答,并组成最后一组。引导学员在他们的位置上与其他人见面。

● 为学员提供一套故事启动卡。卡片上可以列出这样的句子:"曾经有一段时间……""我永远不会忘记……""我在……的时候学到了重要的一课"等。每个学员都抽出一张卡片,大声朗读,然后用与课程相关的信息补充完成故事。

● 为学员提供一套印有常见交通标志的卡片(掉头、禁止停车、单向行驶、绕道、此路不通、前方路面结冰等)。学员每人抽一张卡片,并将卡片上的符号与课程主题联系起来。

● 展示一幅印有一个人的头、心和手的漫画。告诉学员准备一份自我介绍,与他们的想法(头脑)、感觉(心)以及他们在培训主题方面做得如何(手)联系起来。

● 利用你最喜欢的"破冰船"游戏,从中注入你需要的内容。

即使是自定进度的程序也应该包含有目的性的介绍。虽然没有其他的学员要见面,但学员应该了解并开始与课程内容进行互动。这可能会帮助你把它看作一个自我调节计划中的"热身活动"。如果你一直在设计自己的学习进度,那么重新阅读上面的内容,看看你能做些什么调整来适应单一的学习环境,比如设置反问句、独立活动、头脑风暴等。

目标设定

有些学员是积极的学员,有些则不是。有些学员已经调查了课程,并主动报了名,因为他们预计这门课程可能会给他们带来好处。还有一些人不情不愿地报了名,并由他们的管理者指示他们在特定的时间和地点"出现"——他们对这个活动没有更多的兴趣,只是在想活动中是否会有甜甜圈,或者那些甜甜圈上会不会有糖霜。

在你的课程设计中建立目标设定对双方都有利。在教学者主导的培训中,这也有利于培训师。下面是你可以轻松做到的:在设立了课程背景,引导学员通过带有目的性活动的介绍来"初步接触"课程内容后,分享学习目标,邀请学员回顾,然后要求学员为课程设定个人目标。

这些行为不是随机的,而是有意的。无论学员自身是否带着学习动力而来,在开始学习活动时,所有的学员都将处于更好的状态,因为一旦他们知道了课程计划的方向,就可以为这个课程建立个人目标。你可以把这比作一次家庭自驾游。在征求每个家庭成员对旅行目标的意见之前,让他们知道最终目的地,这可以让他们做出自己的选择,并大大提高你实现目标的能力。

这里有六种方法来邀请学员设定他们的学习目标。根据你的需要调整这些做法,或者创造你自己的做法。

- 展示一张幻灯片、投影屏幕,或者一张挂图,上面写着:"完成这个句子：如果……的话，这个项目会使我受益。"

● 问："你今天面临的挑战与我们的主题有关吗？拿一张索引卡写下来。你可以和我分享，也可以留到最后——这取决于你。"（注意：在网络学习中，可以采用多样的方式来完成。在基于网络的同步课程中，这可以在白板上完成，在聊天中完成，在办公桌上独立完成，也可以通过电子邮件发送给主导人，等等。）

● 问："在这次课程中，什么会为你的投入带来积极的回报？"

● 问："你需要带什么离开这里？花点时间，把你的答案写在工作簿的内封里。"

● 说："在我们更进一步之前，我想让你明确你希望从我们在一起的时间中得到什么。"请说出你的 WIIFM——我能从中得到什么（What's In It For Me）。

● 说："今天我们将讨论冲突管理策略，所以请写下两个你目前在专业和个人层面上处理冲突的例子，这样你就可以专注于如何在当前的情况下运用课程内容。"

实际运用

整本书都是在讲实际运用。我们都知道学员需要在学习活动中把内容付诸实践——我甚至不想在这里为

小贴士

在线上学习中，课程看起来就像一个塞满了文字的屏幕。向学员灌输信息的导师被换成了向学员灌输信息的幻灯片。两者都不好，且都可以避免。

它再做详尽的解释。相反，我将分享一些示例，说明如何将你觉得有必要插入的内容作为课程内容，并有效地将其转换为交互式应用练习，在这其中内容和活动同时发生。请记住，学员在学习新技能或获取新知识时投入的感知（如视觉、听觉、触觉等）越多，他们在以后的学习中运用新技能或回忆起所学知识的能力就越强。

● 不要这么做：做幻灯片，展示课程的过程和对过程的解释⋯⋯

——试试这么做：为小组提供一份列出过程步骤的纸条。指导小组按照他们认为的时间顺序排列它们。观察小组的进展，并在他们工作时提供反馈、建议和方向。揭示实际的过程顺序，并让他们将自己的结果与之进行比较。引导他们进行讨论，讨论内容主要围绕他们的问题以及他们排列错的步骤。（在线上学习中，这可以由鼠标拖放完成。）然后提供一个案例或情景，让学员在其中应用这个过程。

——或者这么做：确定整个过程的起点和所期望达到的终点。通过使用白纸、白板或大的便利贴和白墙壁，学员可以确定、记录和按时间顺序排列他们在这两点之间所采取的步骤。将学员的结果进行相互比较，然后再与实际或推荐的过程进行比较。[在虚拟的由教学者主导的培训中，或者叫 VILT（virtual instructor-led training），这可以在休息室的白板上完成。]让学员根据所有的信息创建完整过程的辅助工具，然后使用辅助工具在准备好的场景中进行角色扮演来熟悉正确的过程。

——或者这么做：指导学员画出他们完成任务的过程（例如设计一门课程，开发一个先导项目，将产品推向市场，实现一个改变，写一份报告，给同伴一个反馈等），并三人一组分享自己的作品。然后介绍推荐的过程，讨论其中的矛盾与分歧之处。（在VILT中，这可以在小组讨论室或大厅的白板上完成。）

● 不要这么做：在工作簿中列出推荐示例和非推荐示例……

——试试这么做：创建离开座位、基于操作的活动。在活动中培训团队将在便利贴上写上相同的推荐示例和非推荐示例，并将它们分为

两类展示在墙上或挂图上。然后各小组轮流到不同工作站点寻找共同点和不同点，然后进行小组讨论。（在VILT中，这可以通过在屏幕上展示一个项目来实现，并指导学员使用回答按钮来指示他们的分类。）参照这些例子，学员就可以创建他们自己具体的项目示例。

——或者这样做：邀请学习小组编写推荐示例和非推荐示例，并将它们展示给更大的学习小组进行分类。（在网络学习中，这可以通过学员的讨论板来实现。）

● 不要这么做：就一个主题做演讲……

——试试这样做：把学员分组，在培训教室的不同区域同时进行多个讨论，并在移动到下一个区域之前完成应用练习或回答

一系列问题。

——或者这么做：在 VILT 课程中，让小组前往小组讨论室，结合在大厅每个小组上交的报告对大量课程内容（类似于上述的项目符号）进行交流讨论和应用。

——或者这么做：指导学员完成下列陈述——"×（主题，技能或行动）就像……因为……"，并将教学要点与他们的答案联系起来。

——或者这么做：建立在富有成效的奋斗时刻。

首先，让学员挑战靠自己解决问题。以线索、提示和引导来辅佐他们的探索。接着在富有成效的奋斗时刻，做一个丰富的汇报。以下是一些例子：

■ 制作闪卡，一面是内容的问题，另一面是答案。学生两人一组，拿着一张卡片，在提问和回答问题之间轮流进行测验。

■ 让学员进行寻宝游戏，寻找软件特性、新政策或规定的特点、协作平台（如 SharePoint）上可用的资源或其他"宝藏"。

——或者这么做：大声朗读基于指令或与之相关的语句（有些是准确的，有些则不是），并引导学员根据自己的答案对自己进行定位。然后让他们在基于工作情景的情况下应用准确的信息。标志理念包括：

■ 同意——不确定——不同意。

■ 正确——未确定的——错误。

■ 当前的实践/规定——你编造了它！——之前的实践/规定。

自我反思

我每次主导一个为教学设计师或培训师而进行的学习活动来锻炼他们的能力，都会暂停教学以留出时间进行反思，我总是会问学员们这五到七分钟是否对他们有帮助。花时间反思是否增加了他们在工作实践中应用到目前为止所学内容的可能性？普遍来说，答案是肯定的。

接下来，我要指出我问这些问题是为了帮助他们了解为学员提供这段时间的重要性——即使他们是设计师或培训师，感受到缩减额外内容的压力时亦要如此。我们要抵制缩减专用于反思的培训时间。

虽然仅仅暂停并允许留下非结构化的时间让学员进行反思就足够了，但结构化的方式也有五种：

● 让学员重新考虑在课程开始时提出的一个挑战问题。接着观察基于课程内容，他们对此的反应有何变化。

● 给学员五分钟的时间来复习上一小时学习过的课程内容，找出他们将会采取的三个行动，然后把这三件事安排到他们的计划中。

● 邀请学员通过图画、信息图表、思维导图或结构图来总结他们从学习活动中得出的结论。

● 让个人、合作伙伴或小组对最重要的课程内容创建前十名列表。

● 在网络学习项目中，插入幻灯片，要求学员先暂停手上的学习，并考虑他们将如何应用所介绍的内容，计划一项能放进规划中的行动，等等。

在本书每一章的末尾，有个部分叫作"培训应用"。回头看看这些活动，以了解如何轻松地构建反思行为。

即时行动

即时行动就是培训活动想要达到的目的——使得学员在培训后产生不同的表现：比以前做得更好，或者做出他们以前没有做过的事情。要做出改变，首先需要根据定义改变一些东西！

你可以在课程时间内发起一个行动的号召，如下面的例子所示：

● 在时间管理课程中，让人们带着他们的数字设备（规划软件、智能手机、笔记本电脑）来应用课堂上介绍的策略，比如调整自动提醒设置、禁用通知、设置文件夹、创建电子邮件规定、安排"思考时间"等。

● 对于以技能为基础的课程，例如预算、项目管理或学习设计，让学员将当前或过去的项目带到培训中，进行完善、评审或修改。

● 在管理人员的商业写作模块中，我加入了管理技能系列课程，从而利用课程中介绍的概念并将其与附加模块保持一致。我还带了几盒感谢卡来培训他们写作，让他们在培训期间为员工写下感谢话语。

你也可以在学习活动之外，但作为课程完成要求的一部分，积极实施即时行动。如果给学员提供了有效的工具和策略，展示了如何使用这些工具和策略，并提供了运用这些工具和策略的机会，那么学员就会在工作中有不同的表现——这种假设其实是错误的。即时行动的门槛不低。它设定了一个期望或要求学员设定一个期望。它需要员工在工作中应用，并支持学员制订自己的计划。当然，它不会以"这就是全部内容——大家去变得更棒吧"来结束学习活动。

最佳的即时行动的场景是将实际应用整合到课程需求中。创建应用任务，要求学员返回工作岗位，并将这些技能作为结构化工作活动的一部分。这不是家庭作业，也不是自学，更不是在培训结束后，根据实际工作事件来回顾案例研究。这是在实际中应用课程所学的技巧。

不幸的是，将其作为课程需求来构建并不总是属于学习与发展（L&D）功能控制范围的决策。当你无法采取最佳行动或者没有足够的可用资源来回顾任务和给学员反馈时，考虑以下做法：

● 指导学员确定自己的问责伙伴。让他们每个人和他们的伙伴分享一个他们会在一个小时内采取的行动，两个他们会在两天内采取的行动，三个他们会在三周内采取的行动。总共六个行动。让他们交换联系方式，在他们完成自己的行动时提醒对方。

● 构造一个"继续、停止和开始"活动（类似于第一章结尾介绍的活动）。在"继续"活动中，学员定义出他们当前项目批准的行为是促进项目进展的。在"停止"活动中，学员找出他们现在意识到正对其不利的行动。在"开始"活动中，学员记录下他们从课程中获得的新行为。

● 请个人、合作伙伴或小组在课程结束后列出想要实现的十大想法。

背景、有目的性的介绍、目标设定、实际运用、自我反思和即时行动六个组成要素是一个时间有限的课程的底线和基本要素。时刻注意，以确保它们在课程设计中的位置。如果你想知道"内容都到哪里去了"，其实它都被放进了这六个要素中。在创建背景并促进介绍时，它将开始浮出水面。在目标设定期间，学员将提高他们对所需内容的认识，并因此在呈现时能够识别它。应用练习中的内容是固定的。学员将在反思时锁定与他们最相关和对他们最有意义的内容，并且在即时行动中，他们将通过行为的变化将内容转移到工作中。专注于构建六个要素，把内容落实到位。

发挥培训师的功能

在第五章中，我分享了影响员工成功将新技能转移到工作中的三个最重要的因素：

1. 管理者在培训前都做了什么？

2. 培训师在培训期间做什么？

3. 管理者在培训后做了什么？

所以，如果管理者的角色是三明治中的面包，那么培训师就是三明治中的夹心，每个人都知道这对三明治非常重要。以下是一些培训师可以提高培训项目成功率的方法（参见第八章附加的培训师技巧）：

● 创建价值——立刻。为了好玩，我在网上搜索"你需要多长时间才能引起别人的注意"，不同媒介的效果非常不同（吸引网站访问者的注意力，作为公众演讲者获得关注，视频观看时长）。我找到的答案是以秒为单位的。秒！对于网站、公共演讲者和视频，分别只需要 7 秒、15 秒和 8 秒。在获得和保持注意力的策略方面也有一些有趣的结果。有一些关于课堂注意力持续时间的文章（教育学），如果你发现自己只有几分钟的注意力持续时间，还可以做一下评估你注意力持续时间的测试。由此看来，你应该马上为学员确定"我能从中得到什么"（WIIFM）。在学员确定他们关心课程内容，决定留下后，你再告诉他们评估细节以及卫生间位置也不迟。

● 创造难忘的时刻。培训师能实现难忘时刻的最强大工具是根据学员现有的课程背景调整新内容，将指导建立在与学员具体工作相关的实际例子中，分享相关的故事来说明学习要点，为学员做一些记忆卡片，并提供有针对性的个人反馈。

● 在培训室管理中采用最佳实践。列表中的做法是基于社会基本规则建立的，提供频繁的休息，把学员放在首要位置，让所有的学员参与其中。

● 做好组织、准备工作。一个优秀的培训师可以利用一个没有精心设计的课程，创造一次成功的学习体验。不幸的是，一个没有准备好的培训师也会把一个精心设计的课程搞得一团糟。如果培训师没有好好利用,那么哪怕教育设计人员创造了再完美的辅助工具也无济于事;同理,如果培训师因为不完全理解活动而决定"谈论"培训材料,那么设计人员即使创造了基于应用的有吸引力的练习也就不重要了。培训师,只有做好组织与准备工作,才能充分把握精心设计的课程培训。

● 设定培训后的期望。虽然建立绩效预期是在管理者和学员之间进行的,但培训师需要提醒学员接下来要做什么。下面是一些你可以参考的例子:

——"当你第一次尝试 X 的时候,如果 Y 发生了,不要惊讶。在这种情况下,你的下一步是什么?"

——"第×页是你的计划工具。现在让我们花几分钟来完成它。当你的管理者要求和你一起审查时,不要惊讶——我已经要求过他这么做了!"

——"在未来的几天或几周内,请留意我发来的邮件——我不会打扰你,但我会联系你。如果你没有收到它们,请检查你的垃圾邮件文件夹,如果你依旧没有看到它们,请联系我。我的联系方式是……"

——"本课程也包括各种辅助工具、资源和额外的自定进度的挑战活动。它们都可以在我设置的 LMS(Dropbox 文件夹或其他媒介)上使用。"

除了设计和开发基于深入分析的吸引人的学习之外,以下是教学设计师支持培训师以实现这些目标的方法:

● 提供选项。当你在设计中保证了灵活性时，你就为培训师建立了工作的界限，将他们的个人风格带到活动中，同时坚持你的设计。以下是一些方法：

——将选择性参与的活动标记为可选，允许培训师根据学员的需求定制交付性成果，且不影响设计的完整性。

——提供培训师在没有自己的故事时可以使用的故事范例。

——提供替代活动以适应不可预见的限制条件。意外受限的例子可能包括以下任何一种：教室的大小与期望的不同；培训场地不利于计划的培训；技术挑战阻碍了 VILT 活动的开展或由于外部影响如紧急演习、极端天气、夏令时或时区不同（特别是在 VILT 课程中）导致学员在不同时间到达。

● 使其变得易于准备。提供一个全面和引导性强的促进者指南是至关重要的。如果没有它，培训师就不太可能坚持你的计划推进课程。考虑以下优秀的实践示例：

——在指南的第一页列出准备步骤（要打包的东西、要发送的培训前电子邮件、设置指南等）。

——将精简的文本和要点作为快速参考。

——添加关于故事共享、知识检查、汇报等类似的提示。

——提供清晰、简洁的活动说明和嵌入式答案。

——将时间线索分解成不同部分用以介绍活动内容、学员准备、活动时间及汇报。

● 使其易于组织。培训师有很多事情要做。你所做的一切，只要与课程相关，且能为学员的生活带来改善，就都会促使他们对你设计的课程表示认可并愿意继续参与。试试下面这些方法：

——向培训人员提供一套操作工具和推进活动所需的资源。

——建立和遵循一个名为"培训师使用的电子资源"的文件；确保文件按双位数顺序显示，例如01、02、03等。

——与培训师进行交接培训，使他们适应课程设计，知晓自己的职责是课程所特有的，以及当没有计划一个正式的培训活动时，你将为他们提供的资源。

● 为培训师准备工具。检查一下现实状况：设备指南是否是你课程设计中的最后一个环节？通常，设计师会优先考虑设计提供给学员的材料。但这是错误的。过程胜过内容，过程则体现在设备指南中。此外，你可以给学员一张空白的纸（事实上，有些人认为你就应该这样做），但你不能给培训师一本空白的书就让他们认识、理解或坚持你的设计。

作为一名教学设计师，您可能想知道布罗德和纽斯特朗姆对培训师在学习转移中的支持作用的研究结果如何适用于网络学习或其他没有培训师的自学课程（布罗德 & 纽斯特朗姆，1992）。我当然不能代表他们发言，但我喜欢用这种方式解释——甚至推断他们的工作：在自定进度的学习中，模块的设计代替了培训师。它承担着为学员提供有吸引力、有意义、发人深省且能引发行动的学习活动的职责。这意味着，作为教学设计师，你有责任在课程设计中构建这些功能。

本章小结

倾听并不代表学习。（让这成为你作为教学设计师或培训师的口头禅！）

培训应用

结合本章中提供的示例和做法，你将如何转变为信息挖掘者？你的课程设计目前有哪些内容可供挖掘？让我们具体一点：选择一门课程，并在下一页的图表左栏中记录它提供给学员的内容。并且针对左栏中填写的每一项，在右栏中确定并记录一种方法，你可以使用该方法从学员中挖掘这个内容。

提供的内容	挖掘的内容

章节任务

❑ 使用第十章中的工具进行自我评估,你如何最大限度地利用有限的培训时间。

❑ 实施你在"培训应用"环节中确定的"挖掘知识内容"计划。

❑ 对于你计划的每个学习活动,向自己提问:"此活动是属于'提供'一栏还是'挖掘'一栏?"

❑ 从为学员编制目录信息转向发展学习经验,吸引并要求学员参与——这不是选择性的,而是课程设计的基础。

❑ 在课程中制定切实可行的策略,而不是理论内容。

❑ 交叉检查你的设计,以确认已集成了六个基本部分:背景、有目的性的介绍、目标设定、实际运用、自我反省和即时行动。

❑ 在一开始就构建培训工具,而不是把它放到最后。

❑ 在第十章中逐章回顾你的行动计划,并更新与本章内容相关的行动。

07

如何在培训室外
进行培训？

5个接触点缩短培训时间，且不影响接触时间

　　员工为什么不去应用他们学到的东西呢？实际上，设计和实施培训中的基本错误会阻碍学习转为实际应用，包括如下的错误：教学设计者的前期分析不准确或根本没有进行分析，课程只提出理论而没有提供实用技术，设计中的"被动"环节（讲座、灌输数据和内容宽泛的手册）比"主动"环节（探索、协作、实践、反馈和活动工作簿）更多，或任何其他问题。这些错误甚至会阻碍积极的学员学习的能力和最终应用知识的能力。

　　现在让我们看看这些错误有哪些，你也可以结合自己的培训经验想一想，是什么阻止你做出被鼓励做出的、想要做出的以及计划做出的改变？考虑一下，并将它们添加到此列表：

　　❑ 做出改变比预期中更难，并且你的初次尝试未成功。

　　❑ 培训后每天没有时间去尝试新事物，因为有大量的工作和需要追赶的工作进度。

　　❑ 即使你改变了你的行为，但没有人注意到或肯定它——所以你恢复了旧习惯。

❑ 在工作中缺少培训中收到的指导、支持和反馈。

❑ 自我怀疑打击了你对应用技能的信心。

❑ 无休止的工作要求和周转时间导致你尝试使用新技术时压力过大。

❑ 在工作时想着做出改变，这反而分散了你的注意力，导致你忽视了实施计划。

❑ 新技能应用从培训室的"舒适地带"过渡到工作场所的"敌对"现实，这之间的差距实在是太大了，无法超越。

❑ _____

❑ _____

❑ _____

接触点——能够在培训室外进行培训的关键

创建学习活动不是课程设计的终结。如果没有强化、应用、测量、识别、支持、指导等，精心设计的学习活动将难以改变员工的行为。当然，建立一个成功的学习活动是至关重要的，但我们一直在讨论的持续学习概念，也要求你构建其他部分。理想情况下，你将创建一系列不同的接触点，学员将通过多个渠道，多次从多个联系人那里接触到这些点。接触点打开了一扇大门，解除了学习是"在培训室中发生的事件"这一限制，并把学习提升成了组织文化的一部分。我们将在五类接触点中分享 40 个想法：

✓ 培训结束后的交流环节元素;

✓ 作业嵌入式应用活动;

✓ 学习加强针;

✓ 管理者支持策略及工具;

✓ 评估策略。

(注意:如果要评估自己对培训后时间的利用程度,请查看第十章中的评估工具。)

把握培训结束后的交流环节

第五章介绍了交流活动。如果你在创建自己的计划时没有跳过这一部分,那么你现在就需要重新检查你的计划草案,并在其中添加一些培训后的关键元素。以下是一份清单,可以启发你对培训后的交流环节的想法。

● 培训结束后,由培训人员群发邮件给学员。正如你为培训师起草的培训前邮件为培训定下了基调一样,你写的后续邮件也应该支持培训后的积极心态。以下是一些供你选择的建议,它们基于组织文化、学员概况、内容严谨等因素。

——激励性信息:提出一个鼓舞人心的词、一个成功的故事或对学员的好处(这些也应包括在你培训前的电子邮件里)。

——提示信息:强调重要的课程关键点,突出课程的重点,重述基本内容,或提供辅助工具和课程总结信息图表。(你可以用piktochart.com 和 canva.com 等工具创建信息图表。)

——实际运用指导信息：从学员角度思考并提供一套简明易懂的最佳实践组合。

——"推荐阅读"信息：及时分享与课程相关的内容，例如热门视频、商业出版物、能证实课程内容的研究成果，甚至是突出"我能从中得到什么"（WIIFM）的国家新闻报道（如"让我们不要因此成为下一条新闻"），等等。

——"下一步"信息：让学员做好准备，知道他们该期待什么，或者指导他们该采取什么行动。

当你要求培训师在他们的工作职能中增加培训后与学员的交流环节时，要准备好应对潜在的阻力。要通过为他们提供便利来克服阻力，如为他们提供电子邮件副本，突出他们需要修改的内容（问候、签名行、课程队列）和他们可能想要编辑的其他部分，并鼓励他们设置发送邮件的日历提醒。你甚至可以利用一个社交媒体平台，让培训人员通过该平台发送消息，让他们充分利用在指定时间自动发信的功能。

● 为管理者代写邮件，让他在培训结束后群发给学员。这些邮件内容的重点应放在培训后建立一个能够运用新获得的技能和知识的成功框架。所以这些信息的发布时间将至关重要。

——在刚结束培训、回到工作岗位时建立一个框架：邮件内容要简短。内容要包括欢迎回归、在 48 小时内面谈的邀请以及确认员工的日程安排以保证其能腾出时间来应用所学知识。这封电子邮件的重点应放在学习和为员工提供支持上，以便将新技能带入他们的日常工作中;而不是关注他们错过了多少事情,以及等待着他们的工作。

——在培训的两周内,保持员工处于受鼓舞的状态。此电子邮件旨在表彰学员在应用学习的过程中所做的努力。它应包括表扬、你所观察到的具体行为或行动的细节、管理者希望他们能继续坚持的鼓励以及支持,从而促使他们的进步。起草此邮件时需要包含多个填空部分让管理者自行填写。并且,邮件可能需要包含一些辅助工具,如"查找"——正如在培训后员工行动中的"寻找什么"——以指导管理者定制信息。

● 设计一个以学员为主导的社交媒体,实现培训后的讨论交流。第五章关于在培训之前吸引和激发学员的部分中包括使用社交媒体或你的学习管理系统(LMS)创建学员驱动的讨论区域。该工具如果开发出来,也可以用作培训后的交流。学员可以回答工作上的问题,询问他们如何使用工作中的技能,发布可以引发辩论的内容,建立讨论链接以分享他们的成功并相互比较学习,并请求反馈,等等。

建立作业嵌入式应用活动

从技术上讲,当你创建多课程活动时,此策略将成为你课程设计的一部分,因此,它在第六章的"即时行动"部分中被提到过。现在又把它列在这里,有两个原因:第一,嵌入式工作的应用活动能够利用课程结束后的时间让学员继续学习;第二,它们将学习带入工作场所,这是改变行为和建立新习惯的关键一步。

愤世嫉俗者将作业嵌入式应用活动称为"家庭作业",但事实并非如此。家庭作业是关于练习虚构的情况,适用于"如果……你会做什么"的虚拟情景。而作业嵌入式的应用活动通过要求学员在工作中使用培训时所学的技能,记录他们的工作成果,并在他们开始下一个培训课程时收到反馈,缩小了学员在有支持的、反馈丰富的学习环境中应用知识与在员工们的工作环境中独立应用知识之间的差距。以下是一些例子:

● 在高效销售技巧课程中,学员使用课程中介绍的技术来匹配客户需求和产品,为潜在客户开发解决方案。他们把自己分析、建议的解决方案和他们努力的结果带到下一次课程中来分享并接受反馈。

● 在行为访谈项目中,学员选择一个空缺的职位,评估该工作需要具备的能力,并根据他们自己的情况,写下一系列有关行为的问题。如果目前没有职位空缺,他们就根据自己的职位或经常被雇佣的职位来完成这个任务。在第二次课程中,学员根据他们写下的问题进行角色扮演,并根据反馈进行必要的修改。

● 在一个关于安全意识的课程中,学员在培训时评估他们的工作环境以发现潜在危险,纠正它们,并记录所采取的行动。

● 参加过程改进课程的学员需要选择一个他们自己的工作过程,评估这个过程的效率,然后根据课程所学原则对其进行修改或重新设计,并在随后的课程中向大家展示他们的改进过程,以供大家提出建议和评价。

简而言之，作业嵌入式活动为学员提供了一个在工作中应用新技能的理由。

用学习加强针激发行动

正如接种疫苗后打加强针能定期增强免疫力一样，学习加强针让学员在培训后的日常工作中重新关注学习重点。学习加强针可以轻松且相对快速地生效。或者，它们可以在稍加灵活组合后轻松地实施。无论哪种方式，它们都应该很容易实施。

用学习加强针激发行动

你有没有承诺过做一件事，但这个念头只在你脑海中一闪而过？然后，几天或几周后，由于评论、商业广告或其他事物的刺激，你又想起了它。而且，即使你非常想去做这件事，但如果没有受到刺激，你永远也不会去做。

学员也会遇到同样的问题：他们感激学习机会，来参与课程时动力满满，重视所学内容，并打算在工作中应用所学内容，但当他们重返工作岗位后，他们会慢慢忘掉培训期间所学到的内容，忽视他们的应用计划。学习加强针可以让他们重新关注他们的行动计划和应用策略。

你可以将精选的学习加强针嵌入培训后的电子邮件中（上面所讨论的），并将其他的加强针作为整个持续学习过程的组件。当它们被嵌入时，现有的分发渠道会把事情简单化。当它们独立存在时，就创造了另一个将学习带出培训室并进入工作场所的机会。在这两种情况下，学习加强针都会更新学员对学习活动中所介绍的技能和所鼓励的行为的关注。

尽管任何培训提醒，包括电子邮件，都可以作为重新激发学员采取行动的加强针，但我们鼓励你在研制学习加强针时，尽可能考虑让学员与培训中的所学内容有更广泛的接触。以下是一些可能的想法：学员可以通过一个独立的活动，在与其他学员、培训团队的成员或他们的管理者的交流中接触到培训中所学的内容。下面这几点或许能启发你如何研制学习加强针，以及如何将这个工具分发给学员。

●培训后的最初几天。这期间的主要目标是创造低门槛的接触点，使培训体验留存于学员的头脑中，却不会占用他们大量的时间。理想的情况是，在参加培训后的两到三天内，学员就能接触到学习加强针，或有人鼓励他们用培训时所学的内容完成相应任务。（注意：培训后的第一天通常学员还对培训内容记忆犹新，但脱离培训环境四天之后，学员可能就会在潜意识中回归原来的工作模式了。这就是为什么两到三天是创造低门槛接触点的最佳时间。）

——为学员提供工具，让他们将自己的工作过程与学习时介绍的工作模式进行比较。（在培训结束后分发这类工具，而不是在活动结束时分发,以获得"加强针"的效果。)

　　——让学员与他们的管理者共同设计培训后的第一个检查点,在这个时间点,学员可以分享他们的学习经验、预期的应用计划,并请求管理者的支持。这个讨论可以通过你创建并分发给双方的工具来引导实现(参见第十章中管理者和员工的示例工具)。这些引导工具可以包括对话的推荐结果、为学员设计的工作表和为管理者设计的引导问题。

　　——学员通过完成基于应用所学内容的在线测试或游戏竞赛形式的练习来重新评估他们对所学的知识还记得多少,并将他们在游戏中的分数进行相互横向或纵向比较。

　　——为学员提供工具,让他们创建一个基于工作环境的应用计划。课堂应用计划可能已经实行了,但是在学员回到他们的工作空间,完成了对环境的环顾或对自身优势和不足的审视之后,他们的应用计划将受到课程内容和他们实际工作情况的共同影响。

　　● 培训后的几周内。随着时间的推移,计划在培训后几周内给学员注射的学习加强针,应该更加深入——达到重新将学员与策略联系起来的效果,支持他们将培训内容应用于工作,帮助他们评估自己应用的熟练程度,甚至对他们的应用进展进行突击检查。这里有一些建议:

　　——让学员评估他们在工作环境中的技能应用熟练程度。可以通过这几种方法来实现:让学员回答以电子调查表形式分发的一系列反思性问题,借助行动后评估工具,或将其表现与自我检查表进行对比。

——指导学员参与线上交流。这种加强针实际上可以这样实现：在学习活动期间，要求学员选择问责拍档或培训合作伙伴，让他们交换联系方式并互相承诺在指定日期之前自己决定要完成的行动。知道他们的合作伙伴将期待着自己计划的最新进展，可以提高他们实行计划的概率。

——让学员与他们的管理者一同设计培训后的第二个检查点，在这个时间点，学员与管理者分享自己计划实行的最新成果、遇到的障碍、希望获得的额外或其他支持，以及他们在过去几周执行计划时所形成的新见解。

——同时，考虑如何利用你创建的或可以创建的微型培训组件（第五章中讨论过）来扩展学习。通过游戏的形式让学员重新参与到课程内容中，并提高他们将相关行为应用于日常工作的意识，往往能取得不错的效果。你甚至可以用学习转移工具来奖励那些完成了"学习加强针"活动的学员，比如一件印有关键课程提示的小玩意儿或能在工作场所使用的实用物品——这些东西会时不时地提醒他们应用培训内容。

● 在培训后的几个月里。如果你的课程评估计划包括估量行为变化[柯克帕特里克（Kirkpatrick）模型中的三级评估，我们将在本章后面介绍]，你通常会在培训后的 8 到 12 周内执行这个估量过程，即你向学员介绍最后一剂"学习加强针"时。即使你的组织没有资源进行正式的三级评估，你也可以收集有关行为变化的非

正式数据和案例。以下是一些可参考的想法:

——为学员创造机会,让他们与其他感兴趣的学员一起练习技能,分享彼此的最佳实践,探讨对流程或模式的实际感受。对过程或模型的理解,接收表现反馈,协作解决各自面临的挑战,等等。这些可以由培训师或部门领导领导,也可以由志愿者领导。同时,需要提供用于记录应用示例的工具,以在这些事件中获得主动报告的三级指标。例如,设立一个涂鸦站,当学员来到此站时,提出"你最近用××做了什么?"的问题,让学员写下答案,从而收集到非正式的数据。

——提供工具让学员回顾和记录他们参加课程后几个月的实践成果。这些工具可以是一些提示,比如课程中介绍过的主题、策略、工具和过程,这些可以引导学员进行回顾与记录。这里记录的数据可以与管理者共享,使他们了解员工对自我表现的评估,甚至可以和学习与发展部门(L&D)共享,作为非正式的、自我报告三级指标。

——创建材料包,使管理者和部门主管能够将"培训焦点"融入已有的员工会议中。这些材料可以包括学员主导的教学反馈、成功案例的亮点、有趣的活动和基于操作的挑战以及为课程领导者设计的讨论问题或为课程成员设计的"拾荒式搜索"(scavenger hunts),以引导他们回忆和分享将近期课程所学的技巧应用于工作的场景。

有效利用管理者支持策略与工具

第五章介绍了成功的培训需要一个"管理者三明治"的想法。管理者在员工参加培训后做的事情会创造出之前所说的三要素。影响员工成功将新技能转移到工作中的三个最重要因素是：

1. 管理者在培训前都做了什么？（见第五章）

2. 培训师在培训期间做什么？（见第六章）

3. 管理者在培训后做什么？

那么，培训过后管理者能做些什么呢？以下是一些值得参考的做法：

● 询问员工对学习活动的看法和从中得到的启示。

● 支持员工在培训后应用所学内容，做出行为改变。

● 观察学员培训后的行为表现是否符合培训前对他们设立的期望值。

● 继续管理员工的工作量，给予他们必要的时间来应用所学内容，改变自己的工作表现——一开始这可能需要额外的时间。

作为一名教学设计师，以下是你可以采取的行动，这些行动将提高管理者在培训后作为学习伙伴促进学员改善工作表现的效率：

● 让管理者明白什么是持续学习。提醒管理者，真正的提高要求培训前、培训期间和培训后形成一个连续体。他们在培训后的职能包括帮助员工重新进入他们的工作岗位，允许他们在应用所学内容、做出行为改变时偶尔失误但不至于造成严重后果,鼓励他们与其他员工分享学习情况,等等。

● 要求管理者创造空间让员工运用新学到的东西。通过明确要求管理者为员工创造实施行动计划的空间,来保证培训后的应用时间。这可能包括在培训之后继续将该员工的某些工作职责暂时交予他人。

● 为管理者提供"查找"清单。这些可能是双方都期望的行为(需要肯定、鼓励和加强),也可能是常见的失误(要重新引导和教育员工)。

● 使管理者得知新进展。将培训师在培训后发送给学员的电子邮件抄送给管理者,并向管理者介绍学习加强针的相关内容。

● 胡萝卜——奖励表现突出者。鼓励管理者表扬、奖励在培训后有进步的员工,并分配给他们更好的工作任务。

● 数据化。创建一个专门为管理者提供支持和分享成功事例的在线平台。这可以在你的学习管理系统(LMS)上,也可以在Yammer、Socialcast等网站上,或者你的组织使用的其他平台上。

● 教导管理者在成功的学习转移中发挥关键作用。帮助他们发现自己可以体现的作用,以提高员工使用新技能的成功率。这些行为包括:

——保持耐心。学员需要时间和安全的环境来提高他们对新技能的熟练程度。如何处理最初的失败将对员工的下一步行动产生重大影响。

——肯定改变有多难。当员工们听到管理者说改变行为会带来不一样的感觉——甚至不舒服时，在培训后，他们的适应力就会增强。在培养新习惯的过程中，他们也会更愿意去找管理者寻求指导和反馈。

——重新审视在培训前对员工设定的期望值。在培训之前，应对提高绩效有明确的预期。那么现在，就可以审查、明确这些期望值，并在必要时增加具体内容。

——提供更加灵活的任务周转时间。以新的方式执行工作在一开始可能需要较多的时间。当管理人员要求员工遵守培训周转时间时，员工可能会误解为要他们回到之前的工作模式，以保证任务正常执行。

——为"衰退"做准备。预见行为的"衰退"（员工渐渐放弃改变行为），并主动制定应对策略，员工将更容易重新获得动力来改变行为。

——创建应用技能的机会。发现并创造与工作相关的机会，让员工练习新技能。通过即时分配这些活动，学习和应用之间的差距将会缩小。管理者还需要确保员工拥有实施新技能所需的技术和资源。

——提供反馈和赞扬。为了维持员工在工作中运用新技能的努力和热情，管理者最好马上给予正面的强化。他们还需要关注肯定员工行为和课程正确性的机会。

——成为榜样。管理者自己运用这些技能会给员工传递强有力的信息，并树立榜样形象供员工效仿。这种策略可以扩展成让员工与其他的"榜样"合作，让员工与导师联系或鼓励他们与其他项目的学员建立联系。

评估你的项目计划

员工只会做那些会被测量评估的事情。虽然评估学习效果有各种各样的好处——显示组织目标的实现程度和学习方案的有效性，展示你对组织的价值，以及使用收集到的数据向未来学员营销课程，但在这里，我们将着眼于评估学习效果可以如何帮助学习成果转变为实际行动。这就是你设计课程的最终目标——改善学员的表现。

介绍接下来要详述的信息之前，需要先简要了解其背景：柯克帕特里克（Kirkpatrick）四个层级的评估方法。

第一层级——反应　参加者对活动有何看法？他们使用课程资料及策略的意图为何？

第二层级——知识　参加者在这次活动中学到了什么？请注意，培训前后对学员的评估有助于确认学员是否因培训活动受益，也能验证是否需要辅助工具。

第三层级——行为　基于他们在培训中学到的内容，学员在工作中做出了什么样的改变？

第四层级——结果　由于学员在他们的在职表现中所做出的行为改变，该组织实现了什么成果？

了解了柯克帕特里克模型之后，现在我们来看看评估学习效果是如何帮助学习成果转化为实际行动的：

● 发送"'这个'很重要"的信号。当学员发现没有任何权威人士关心评估培训的影响时，他们就会质疑自己为什么应该这样做。评估是"学习与发展（L&D）"的秘密武器。鉴于对员工有限时间的要求，可以理解在绩效评估、薪资谈判、晋升机会面试等过程中，许多人会优先考虑他们将要被评估的行为和结果。因此，当培训得到评估时，它自然也会得到更多学员的关注。

值得一提的是霍桑效应（Hawthorne Effect）。它对成年员工工作绩效的评估为学习效果评估提供了有效依据。在伊利诺伊州霍桑（Hawthorne, Illinois）的西部电力电话制造工厂（Western Electric telephone manufacturing foctory），研究人员对员工进行了研究，以确定他们工作环境的变化如照明水平，是否会影响他们的工作效率。事实证明答案是肯定的。但无论是照明增强或减少，还是其他因素发生改变，员工的生产力都会提高。于是得出了这样一个结论：影响因素是研究人员的关注，而不是环境变化。这种效应在20世纪20年代至30年代被记录了下来，自那以后一直是进一步分析的对象。（麦坎布里奇，威尔顿和埃尔伯恩 McCambridge, Wilton & Elbourne, 2013）

● 帮助学员建立自信。如果员工对一项新技能缺乏信心，那么他们在工作中使用这种技能时就容易感到胆怯。我在健身房里看到墙上有一个牌子，上面写着："身体只能实现大脑所相信的。"

这一点在这里似乎也适用。在学习期间部署一个精心制作的二级工具,可以直接解决不安全问题。向学员展示他们自身的优势和差距,二级工具可以通过认识差距、提出问题、在实践活动中承担风险、请求反馈等形式,帮助学员在学习过程中缩小差距。

● 鼓励工作中的表现。本章前面讨论过的作业嵌入式活动提高了员工对运用新技能"做某事"的期望值。你还可以通过正式的评估计划进一步激励员工在工作中的表现,该计划跟踪并收集员工在参与培训后的关键时间段内(通常为 8 到 12 周)应用内容的相关数据。如果你的评估能力有限,请考虑在培训结束 60 或 90天后对学员情况进行调查,就此获得学员们对课程是如何影响其工作效率的看法,并做出评估。虽然这不是一个典型的三级评估,而且可能很难实施,但它会显示员工对技能使用方式的看法。这些数据可以体现出,学员希望得到哪些支持工具或辅助工具,并且你还可以从中探寻提供补充学习或复习课程的机会。

本章小结

员工在培训后需要一个支持学习转化为行动的环境。学员的管理者、培训师和学员本人将在实现这个转化的过程中承担最大的责任，但你的支持行动也可以发挥关键作用。首先设想一个持续学习过程，然后构建它需要的工具。务必引导各方——管理者、培训师、学员，坚守他们与学习转化相关的职责，并充分利用工具和流程来促进持续学习。

培训应用

本章共有 40 种接触点策略。如果你将帕累托法则（Pareto Principle）（80/20 规则）应用于此，那么 40 个策略中大约有 8 个在实施时将对你的学员和组织产生重大影响。所以，找到并在下面列出你的"疯狂八策略"（Crazy Eight）——那些将为你带来最大益处的策略。

我的疯狂八策略

1.	5.
2.	6.
3.	7.
4.	8.

尽管你刚才列举的行动很有效,但有些行动可能具有挑战性。所以,用容易实现的目标来补充列表——写下你有权力和手段去开发和实现的项目,并称之为"为什么我还没开始做这些事情"。清单:

为什么我还没开始做这些事情?

1.
2.
3.
4.
5.

章节任务

❑ 使用第十章中的工具自我评估你利用培训后时间的程度。

❑ 建立一个完整的沟通活动，或修改你在第五章之后开始的活动，把培训后的部分添加进去。

❑ 重新审视你的课程设计，以确定可以引入作业嵌入式应用项目活动的位置。

❑ 为你的课程至少创建一个——最好是三个——学习加强针。如果你和你的组织初次接触这个概念，那么可以尝试一些简单的方法。重要的是创造培训后加强针的文化，而不是博人眼球。

❑ 选择最佳方式让管理者了解并发挥自己在培训结束后的支持作用。

❑ 对你当前使用评估手段来策略性地鼓励在职应用的程度进行评估，并在你的权力和影响力允许的范围下进行修订或增强。

❑ 在第十章中逐章回顾你的行动计划，并更新与本章内容相关的行动。

08

是什么造就了成功的培训项目？

第一步：为什么需要培训项目

第二步：以多元化的角色设计你的培训项目

　　创建高效的学习活动并不容易。如果这很容易，就不需要教学设计师了——每个人都可以创建自己的学习活动。如果这很容易，就不会有关于培训经历的冷嘲热讽了，比如"死于 PPT""如何从课堂上得到最大的好处——午睡""你被安排去培训——和其他可怕的工作安排"。你懂的。

　　这并不是说创建有效的学习活动有多么困难，但你确实需要正确的工具。这里有一个小故事来阐释我的观点。我正在考虑买一艘船，找到一艘符合我要求的船后，我报了价，被安排了一次实地考察，并满怀兴奋地参加了。当我和发动机检测员在发动机舱里东瞧西看时，船身检测员拿着湿度计①来了。其实我已经跟一位有着数十年船只行业经验的朋友来过这艘船好几次，但我们都没有想到要用湿度计。而船身检测员加里（Gary）用他的仪器在几

---

　　① 湿度计可用来判断船体的进水程度。

分钟内就知道了我们在船上好几天都没有发现的事情——船体里装满了水。当你掌握了正确的工具以及知道如何使用它后，判断一艘船是否进水就很容易了，但对其他人来说，这完全是一个谜。这就是本章的第一部分所要讨论的——为你提供一套入门工具包，帮助你了解是什么让培训变得高效。

第二部分将转而讨论实用的、可执行的策略，以便让你对学习活动的有效性和学员的认知产生积极的印象——不管你在这个过程中扮演什么角色。

第一部分：欢迎从原点开始

如果你是跳着看，而且正好跳到了这一章，那恭喜你！本章中有每个设计或领导培训课程的人都应该知道并用来指导其行动的知识体系和一个建立有效培训的模型。其实整本书都是有关这一点的。而且，这个知识体系和模型是有效工作培训目标的基础。在这里，我们将概述其中两个概念：

✓ 成人学员的特点；

✓ 经典教学系统设计模型——ADDIE。

如果你以前接触过这方面的内容，让这一章的第一部分作为你的试金石。一旦我们能够熟练地完成一项任务，就会忽略基础知识，这很平常。定期回顾基础知识可以确保你不会偏离"使培训变得高效"的基本原则太远。

如果你没有接触过这方面的内容，下面几页将帮助你了解本书的其余部分。它们甚至可以增加你作为一个学习专业人士或合作伙伴的信心。在这本书的引言中，我肯定，你在课程设计中担任这个角色是有原因的。你的资历、经验、天赋，都有助于你开发培训项目。下面的概念可以肯定你的直觉，并减少自我怀疑和优柔寡断，而这些往往在你做设计选择时如影随形。这还会节省你的设计和开发时间——你将知道什么会发挥作用及其背后的原因。你不再需要无谓的猜测了。

在学习活动中，成人学员的需求和贡献——成人学员的特点

你今天要学习的词汇是"成人教育学"（andragogy），它是由马尔科姆·诺尔斯（Malcolm Knowles）在《成人学员：一个被忽视的物种》（*The Adult Learner：A Neglected Species*）一书中提出的。你对成人教育学了解多少？这个术语指的是教育成年人的艺术和科学，他们的需求在许多方面（但不是全部）与儿童不同。两者之间有区别也有联系。诺尔斯在他的书中提到了成人学员的六个特点：

- 成年人在学习之前需要知道为什么学习内容是重要的。
- 成年人有自己的概念，不喜欢别人把意愿强加给自己。
- 成年人拥有丰富的知识和经验，并希望自己的知识得到认可。
- 当成年人认为学习可以帮助他们解决真正的问题时，他们会乐于学习。
- 成年人想知道学习如何能立即帮助他们。

● 成年人学习更依赖内在动机(相对于外在动机)。

请再读一遍。你需要牢记这些特征。你还需要确保你的设计或交付成果能遵守它们。

仅仅知道特征是不够的,你还需要采取行动。那么,你对这六个方面的认识会导致你在未来发生行为改变吗? 也许你刚刚开始阅读,现在还不知道如何回答这个问题,但无论如何都要回答。当你知道第五、六、七章提供了具体的策略来改善你的计划列表时,你会感到些许安慰。如果你已经读过这些章节,花点时间思考一下引起你共鸣的、你强调过的,或者你行动计划中已有的策略是否符合这六个特征。

现在,将你计划列表中的内容与这些设计和行动进行比较:

❏ 为学员提供实践指导而不是理论概念。

❏ 指导的重心是设立工具,用来减少学员的工作难点。

❏ 确保课程内容能立即适用于解决学员工作中的问题。

❏ 构建能发挥学员现有基础知识的学习流程。

❏ 整合多种交互方法,包括小组学习、视频、案例研究、头脑风暴、模拟、测验、独立思考、角色扮演等。

❏ 选择举办活动而不是举办讲座。

❏ 选择自我指导的活动而不是严格执行各项规定的"跟我来"类型的活动。

❏ 为学员创造机会去应用所学内容。

❏ 为学员提供成功应用所学内容的机会。

❏ 保证足够的时间让学员汇报活动。

❏ 为学员提供具体的反馈。

并且,在你的交付成果中,要确保:

❏ 能让学员立即参与到培训当中。

❏ 能促进学员之间的友好互助关系。

❏ 引导学员确定自己对学习的独特的内在激励因素。(外部激励因素包括赚取学分、完成强制性的要求、满足个人发展规划目标、获得证书等。)(参见第六章有关创造课程背景和在学习活动过程中个人目标设定的内容。)

❏ 将新材料与学员已有的知识联系起来。

❏ 避免学员不堪重负。

❏ 优先考虑学员对学习的所有权,控制你自己想被视为专家的潜在愿望。(当你这样做时会发生一件有趣的事情——他们对你的看法提升了!)

❏ 使用故事、隐喻、类比,甚至是最好的简笔画来为学员创建心理图像——你不需要成为艺术家,只需给学员留下难忘的可视化效果。

❏ 在培训中穿插进行自我反思和实施计划的专用时间。

❏ 提供频繁的休息和离开座位的学习时刻。

一个能引导你的框架——ADDIE

ADDIE 是一个教学系统设计(ISD)模型,有五个阶段:分析、设计、开发、实施和评估。它不是唯一的教学系统设计模型，但它的各个阶段在我参与的各种项目的每个模型元素中都有体现。

因为前三个 ADDIE 元素——分析、设计和开发，常常被误解，所以我在给教学设计师上课时，用了一个建造房屋的例子解释它们。如

果你有一座定制的房屋，分析阶段可以包括让设计师找出你喜欢的生活方式和家里需要的东西：你喜欢娱乐吗？你是想置办一套家庭影院系统吗？你想要扩大你的家庭吗？户外空间有多重要？在教学设计中，这一阶段是在确定目标业务成果，即：成功将是什么样的？在成功参加培训后，你的项目发起人希望员工参与你的培训后在工作中做出哪些不同的表现？这些问题的答案将描述出你的课程设计必须达到的目标——换句话说，你怎样才能使客户满意。ADDIE 的分析阶段经常被忽视——主要是因为新设计师不知道有这个阶段。分析阶段不完整或不存在是一个严重的错误。

ADDIE 的设计和开发阶段之间的区别对于许多教学设计者来说都是模糊的。再以造房子类比，设计阶段的成果相当于建筑师对房屋所构建的透视图——立视图和平面图。这些图显示了成品将会是什么样的，包括哪些房间，这些房间相对的位置，每个房间的面积，等等。然而，开发阶段则是建筑工人到达现场，打地基，

铺设管道,在板上锤钉子,等等,也就是实际建造房屋的过程。

现在回到你自身,作为一名教学设计师,你设计的是课程的蓝图。在这张蓝图上,应该安排多少活动,给每个活动安排多少时间,等等。就像建筑师的图纸——它们蕴含足够的细节允许其他人建造此计划中构思的房子,你的课程设计应该能让同事可以借此建立与开发出课程,这样才算是好的设计。虽然在类比中最终建成的房屋相当于最终开展的课程,但你的设计成果还应该包括学员材料、辅助材料、视觉辅助工具、评估表、辅助工具、管理者支持工具、活动操纵工具、挂图、课程概述等。正如大多数人不希望木匠在建筑师完成设计之前就开始将木板钉在一起一样,建议你在开展课程之前先设计好课程计划。同理,设计是创建计划,而开展是实施计划。

ADDIE 模型中剩余的阶段是实施和评估。让我们继续进行类比,实施——推出课程使学员参与其中,大致相当于搬进房子。在培训中,评估可以采取多种形式。在造房子的过程中,这相当于对建筑和设计的质量(形成性评估)、房主对房屋的第一印象进行评估以及他们是否清楚如何保养这座房子,他们最终对房子的居住体验以及他们的家庭生活方式对他们整个生活的影响(总结性评估)。

在下框中,我罗列了 ADDIE 每个阶段的一些重要教学设计行动。

ADDIE 行动快速指南

分析——确定业务目标、绩效目标、实现目标所需的任务和能力以及特殊的项目因素和条件限制，例如学员特征、时间表和预算。

设计——编写学习目标，选择教学方法，并概述课程活动和时间安排。

开发——创建支持课程设计所需的学习材料(学员、辅导员和管理者材料，评估工具，培训操作，辅助工具等)。

实施——一步步按计划走，可以是面对面授课、虚拟的由教学者主导的培训(VILT)，或者学员自定进度的课程。

评估——评估学习方案目标的实现效果(总结性评估)，并保证整个 ADDIE 流程推进的质量，以改进你创建的解决方案(形成性评估)。

第二部分：你不只是设计师——这一切对你而言到底意味着什么？

如果你不是在创建课程，而是在与教学设计师合作，你仍然可以做很多事情来积极地影响最终成果。在本章的这一部分中，你将了解到教学设计师需要从你那里得到什么，你如何做能让其工作更轻松，以及如何在第一次就把它做好来节省自己的时间。如果你是第一次承担教学设计责任或是一名在培训室里手忙脚乱的精通某一领域的专家（SME），以下几页中有具体的策略可以帮助你应对这些情况。

第二部分将围绕这些部分展开：

✓ 人力资源中介的角色；

✓ 管理者的角色；

✓ 精通某领域的专家角色；

✓ 培训师的角色；

✓ 无须重新设计课程，培训师怎样缩短项目时间。

人力资源中介的角色

就像媒人一样，你作为人力资源专业人士，任务是将人们聚集在一起，但不能陪伴他们共进晚餐。然而，即使是媒人也会设定期望值，设定界限，并且担任客观的第三方角色。以下是你可以采取的一些措施，以确保"撮合"成功：

● 与项目请求者一起设置期望值。学习和发展并不是学习和发展团队（L&D）的唯一责任。尽管他们在培训过程中起着重要作用，但持续的行为变化和员工的长期成长与发展需要项目请求者在培训前后的参与。同样地，项目请求者将在确定范围、创建和实现学习活动中扮演多重角色，包括设置课程期望值、为教学设计师提供资源、明确内容、确认内容准确性和执行管理功能等。应让项目请求者明确地认识到他们将有多种职责需要履行。

● 成为这个项目的拥护者。这完全有可能，因为你知晓项目设计背后的意图。当项目发起人和教学设计师出现争议并需要你选择立场时，你应该支持教学设计师。

● 鼓励问责。各方都应该对交付内容、时间表、跟进等方面负责。如果教学设计师没有提出建立通信协议、时间表、任务分配计划和其他关键元素的要求，你可以试着把这些内容引入讨论中。

● 成为消息灵通的资源掌握者。放宽眼界，因为你可能是唯一参与该项目，并知道有其他相关的组织活动、其他可用的资源、应该与之同步的其他项目、项目历史记录，或者是潜在的需要避免的雷区（调度、资源、组织政治或其他）的人。

● 跟踪项目进度。就如媒人跟进情况、洞察细节，并为情侣提供反馈和指导，你也可以对培训计划采取相同的措施。履行此职责可以增加参与者的紧迫感，使项目保持最佳状态，防止项目费用的增加，并降低偏离最终成果的可能性。当项目有启动错误或多次延迟时，教学设计者很容易无法跟上项目进度。这样一来，进度滞后会转化为"重新进入"所花费的额外时间，这还可能增加最终成果出错的可能性。

管理者的角色

你所做的、不做的或拒绝做的很多事情都会对培训的有效性产生直接而重要的影响。如果你想与你合作的教学设计师（你的课程设计专家）产生共鸣，可以考虑花 8 分钟在 YouTube 上观看喜剧小品《专家》(*the expert*) 短片 (https://www.youtube.com/watch? v＝BKorP55Aqvg.)。

然后遵循以下指导：

● 关心！你正在阅读这本书，那说明你已经具备这个特质。但是那些不关心培训的管理者们却把培训看成一个要草草完成的任务，那就免不了出现枯燥乏味的培训方案，这实际上是在浪费精力、时间和金钱。如果你想从这本书中学习如何更快地完成任务，我有一个最简单的解决方案——取消培训计划，这样每个人的时间都可以用来做其他事情。

● 现实一点。培训对于培养员工和提高行为能力至关重要——就像教练之于足球队的成功一样。但是，如果没有球员，教练就不可能赢得比赛。为了实现学习活动所能达成的一切成果，它需要成为持续学习过程的一部分，而这个过程体将需要一个支持系统。要认识到，培训不是一颗几小时就能让员工变成超人的灵丹妙药。

● 准备好付出比你想象中更多的努力。聘请一个教学设计师并不等同于委派一个任务。他还需要你提供的前端分析数据，即你可能不太容易得到的信息和答案、需要做出的决定、设定的期望值、提供的资源、明确的材料、确认过的内容准确性、执行的管理功能等。你需要留心一切。一旦课程设计开始，就会有人向你提出要求，如下面的内容以及第五章和第七章所述，而这将是至关重要的。

● 准备好承受比你想象中更多的压力。仅仅告诉教学设计师"我需要员工学习 X，了解 Y，了解 Z"是不够的。事实上，如果你这么说，教学设计师还会反驳你（他也应该这么做）。为了完成他的工作，他将需要一个清晰的视觉化描述：你需要学员在培训后能够做到什么。在这一点上，他可能需要了解比你认为的更具体的内容。

● 对不同的观点保持开放的态度。作为一名管理者，你习惯于做决定、定方向，并且可能会让人们支持你的想法并实施它们。当你聘请一个教学设计师时，你是在引进一个拥有专业知识和技能的人——这些知识和技能将构成你所要求的培训活动的最终形式。为了从培训方案中获得最佳结果，你需要充分利用设计师的专业知识为整个培训流程做理论支撑和行动指导。设计师甚至会要求你重新设定你对学习活动的期望值，即学习活动所能达成和不能达成的目标。

● 支持教学设计师。为设计师打开大门，让他认识合适的人（不仅仅是那些有时间的人），为他排除障碍，解答疑问，等等。更重要的是，让他有时间去设计和开发高质量的课程。虽然似乎从来没有足够的时间在第一次就把事情做到完全正确，但似乎总是有足够的时间来改善它。你应该修正这种思维方式，而且你有能力这么做。明智地利用时间，给设计师一个机会，使其第一次就把事情做好。

● 做一个拥护者。做项目设计师要求你做的事情。这些可能包括参加培训中会用到的视频面试,协调战略性计划的注册(相对于开放注册),在员工参加活动前后与他们会面以设定和支持期望值,给培训学员发送电子邮件,在培训期间管理员工的工作量,等等。

专家的角色

你可能是一个以教学设计师或培训师为身份的精通某领域的专家。或者,你可能只是纯粹的精通某领域的专家,但为教学设计师提供帮助与支持。如果你是一个由精通某领域的专家转型的教学设计师,这本书就是为你准备的。如果你是一个精通某领域的专家出身的培训师,本节和下一节将讲述你当前所发挥的作用,在第五、第六和第七章中有许多策略供你应用或为你提供支持。如果你在项目中是一个纯粹的精通某领域的专家,为设计师提供支持指导,这里有一些建议来指导你做出贡献:

● 信任设计过程。正如你之所以参与这个项目,是因为你在课程的主题方面有专业知识一样,教学设计师之所以参与进来,也是因为他在成人学习和课程设计方面具备专业知识。为了让培训产生最好的结果,你和他需要充分利用你们两人的专业知识。他的职责是设计课程的过程,管理课程的内容和方式。你的主要职责是为他提供、解释和明确内容。

● 确认内容的准确性。教学设计师也将依靠你来校对课程材料,确认内容的准确性,并根据需要纠正内容中的错误。

● 保持思维开放。有时候你和教学设计师可能会有不同的看法。你可能持这样的观点："我们可以只给学员 X，这没什么问题""我可以用比他描述的活动以外的其他方式更快地告诉学员这个内容""使用我们已有的这个工具/材料会更容易"。虽然你在这些观点上是正确的，但当我们意识到"给予""告诉""分配我们已有的工具/材料"和"学习"是不一样的时候，问题就出现了。（如果你是从这本书的引言跳到这里，那么你可以看看第八章关于成人学习的第一部分概述，那里对这些内容有一些解释，前面的章节也有。）所以，对教学设计师的专业知识保持开放的态度。

● 监督项目日程表的跟进。教学设计师需要依靠你来跟进项目进度。他将需要你在这一环节的关键投入，没有你的监督，他的项目进展将会终止。当你承诺执行一个行动，提供一个资源，或者参加一个课程时，要意识到教学设计师需要你来监督他跟进项目进度。因此你必须抽出必要的时间来完成这个监督工作。

培训师的角色

培训师是课程设计和学习体验之间的关键。凭借出色的引导讨论技能，即使是开展平庸的课程，你也可以创造出有意义且难忘的学习体验。同理，即使拥有精心设计的课程，培训师的失误也可能带来糟糕的学习体验。所以要成为前者！但本部分不涉及引导谈论的策略。有许多资源可以定义出色培训师的特点、特色和行为。如果你正在寻找，那么比较简单的起点可能是 ATD 胜任力模型（ATD，2014）。相反，本节将重点介绍支持你完成"仅用一半时间完成相同培训"的策略。

这里列出的做法补充了本章第一部分中分享的交付策略。务必将两者结合起来一起使用（第一部分和第二部分）。

● 明确业务目标。教学设计师竭尽全力明确业务目标并创建支持这个项目的课程，并请他在给你的指南概要中明确这一点。因为没有它，你就像是罗浮宫的一名导游，却不知道你的团队报名参观的是世界上最大的博物馆的哪个部分。你给他们介绍了许多有趣的展品，并对这些展品发表大量见解，但游客为罗浮宫而来却在离开时仍然对罗浮宫一无所知。如果教学设计师基于各种原因没有明确地为你提出业务目标，你可以：

——问教学设计师：这个项目是不是在公司内部设计的，并且你是否可以接触到设计师。

——问项目发起人：项目是不是组织、部门或部门活动的一部分，并且是否有一个关键人物带头努力。发起人可以是业务部门负责人、人力资源管理者，甚至是帮助你参与组织运作的高级培训师。（参见第一章，指导你如何定义成功。）

——问当前部门的管理者（们）：你的交付范围是否与组织中的一个或几个组隔离。（同样地，参考第一章的沟通技巧来定义成功是什么样子。）

如果你不能从上面列出的方法中确定业务目标，问问你的学员什么课程形式会使他们投入的时间获得合理回报。事实上，你就应该这样问他们，即使你之前已经从其他来源确定了业务目标，因为在培训过程中可能需要将这两种观点结合起来。

● 确定业务目标与课程设计之间的联系。了解培训的最终目标，评估计划的学习目标和课程设计，以了解课程材料如何支持业务目标的实现。如果你没有看到它们之间的联系，请询问。如果你不确定是否有人能够解决问题，请考虑让学习与发展部门（L&D）的同行提供他们关于校准的客观观点。这将有助于为你在交付期间可能需要做出的决定提供信息（有关此问题的更多信息，请参阅下面的培训师技巧部分）。

● 保持在更改许可的范围内。教学设计师和培训师之间存在着一种隐性的信任——设计师将提供一个完善的设计和资源来保证培训的实施，而培训师则将尊重设计，把他的个性和风格带到学习活动之中。这种信任不应受到侵犯。但是，如果你——作为培训师——拿到的是一个拙劣的设计怎么办？你接下来应该怎么做？这就是更改许可的由来。更改许可是指在保留设计意图的基础上对过程进行修改（参见第六章的示例）。不要抛弃原来的设计，然后用自己的内容或模型取而代之，也不要用你的"更好的"方法代替设计中的方法来完成任务。

● 与学员相处的时间越长越好。在培训结束后的调查中你得到了全"5分"并不意味着你成功了。当员工在工作中使用培训中引入的新技能和知识，并提高绩效时，你才算取得成功。你在这个过程中扮演着关键角色。事实上，你在课程中所做的事情是学员

将学习转化为工作表现的第二大影响因素(见第六章)。下面是一些可以实现的做法:

——邀请学员在课程的初期就决定他们的行动计划策略。有些人可能会创建一个运行列表或通过电子邮件提醒自己,而另一些人则会将活动项目安排到他们的计划表中。也有人会认为这都是课程结束后才要做的事情,所以感到惊讶。因此,你准备好建议的行动计划策略以及工具(纸和笔)来支持他们。

——在汇报过程中,将内容、活动和练习与学员的工作情况联系起来,并且让他们在汇报讨论后,而不仅仅是在课程结束时制订行动计划。

——通过即时行动使学习活动的各个部分以及整个培训课程的联系更紧密。(有关即时行动的更多信息,请参阅第六章。)

无须重新设计课程,培训师怎样缩短项目时间

作为一名培训师,有时你会得到一个完整的设计,但你可能只有很少时间来浏览全部材料。如果你被要求通过重新设计来修改培训课程,那就从第一章开始阅读,并接受教学设计师的角色。然而,如果你只是为了让手头的课程"变得可行",这里有十几个时间管理技巧可以帮助你完成。

你看过的关于培训管理的资料都会告诉你准时开始和结束。在培训时间有限的情况下,我们需要比准时开始和结束做得更好,我们还需要解决你在坚持计划时可能面临的固有挑战。因此,以

下是你的时间和内容管理漏洞——我们先从名家建议（也就是说，从实践中获得的建议）开始。

● 准时开始上课——不管谁来了，谁还没来。你本来期望座无虚席，却发现高层没来，或者到场者寥寥无几，你可能会觉得相当惊讶。如果你继续等他们，他们却一直不来呢？你该怎样用行动来告诉到场的学员时间的价值呢？或者告诉他们应该什么时候从休息和午餐中回来，以及告诉他们第二天培训的时间安排？当时间有限的时候，你可能以为逾时的等待可以让"每个人都同时起步"，从而节省时间。但这只是一种理想化的设想，不要被迷惑。

● 准确地知道你在开始的 30 秒内会说些什么——并确保不管说什么，都能以一种有意义的方式让学员们参与进来，并在接下来的 7～12 分钟里让他们畅所欲言。这就为你实现了三件事：(1) 你立即引导学员找到其内在激励因素；(2) 你让他们意识到他们将会成为这个活动的积极主导者——而不是被动倾听者；(3) 你会少分散一些注意力用来对迟到者微笑、打招呼，并示意他们在空位上安静地坐下。

● 提供每小时 7 分钟的休息时间，并告知回来继续上课的时间。大多数人都知道 10 分钟有多长，但让我告诉你，它往往会变成 15 分钟！当你设置一个意外的休息时间时，学员会算准时间并准时返回。而当你提供固定的休息时间（每小时制）时，学员可以预期这个休息时间并盘算怎么用这个时间。最后一点至关重要，因为当学员在学习活动中时进时出，活动指示便需要被重复，合作活动将被延迟，并且其他学员会觉得学习不是他们的首要任务——这是你要避免的。

● 在你指定的休息时间结束后准时继续——不管谁回来了，谁还没回来。如果你错过了这个时间，下一个休息时间会拖得很长。当你遵循这一指导方针时，你是在尊重那些尊重指令的学员，同时也把责任交到学员自己手上。

● 当有太多的人因晚到而错过了重要的内容时，（在休息后）准备几分钟有价值的内容。这样你就既尊重了既定的时间表，同时也避免了在为迟到者重复没有听到的内容和让他们完全错过内容之间做出选择。

● 明确你最后的7～12分钟。在活动结束时介绍在工作中如何运用所学知识的过渡环节和在活动开始时你需要立即让学员参与其中一样至关重要。如果时间不够用了，你必须知道你的备选结束方式在哪里——你应该早有准备。不要到培训的最后一刻还在照本宣科地讲解材料，你要找到另一种结束方式。当你知道时间不够用的时候，考虑选择一个已经讨论过的使你的团队产生深刻共鸣的主题，重新展现它，然后把你计划好的结尾和它联系起来。

时间管理是至关重要的，但它也只能让你走到目前这一步。如果你的任务是在$(X-Y)$小时内提供 X 小时的课程，你需要做一些抉择。以下是指导这些选择的内容管理思路：

● 不要去除建立人际关系的部分。要让成人学员积极参与并容易受到学习过程的影响，首先他们需要对你、其他学员、环境和学习过程感到舒适。与其削减这些活动，不如将它们转换为有目的性的介绍（请见第六章），将内容整合到介绍中，使团队致力于建立一个能给学员安全感的学习环境。

● 主动地选出部分材料作为参考材料、辅助工具和进一步独立探索的机会。不要说"我们将跳过这个"，而是将那些能从课程内容中独立出来且相对不那么重要的内容主动挑选出来作为参考内容。（参见第四章中有关有价值内容与重要内容的区别以及识别核心内容的过程的内容。你需要自己回答章节中的两个问题。）

● 活动前的解释、演示和示例要简明扼要。让学员尽快进入探索活动和练习，但不要鲁莽行事。允许他们通过实践来学习，然后通过丰富的汇报和反馈讨论来明确他们的问题、体验和你对他们工作的观察。

● 认识到实践是至关重要的——正如认识到收益递减一样。如果一个实践场景运用得很好，那么就要质疑应用三个场景是否能带来三倍的收益。对于一个包括五个应用场景的课程设计，三个会不会就足够了？或者，是否可以将每个场景分配给一组学员来完成，然后将各组的工作成果绘制成图表供所有学员审阅？或者，我们可以引导学员将技能、模型、过程等应用到他们自己的挑战、项目或现实生活中，而不是仅在基于现实的虚拟场景中去应用。所有这些选项都可以节省时间，从而减少修改内容的次数。

● 将讲课转换为参与。简单地说就是停止对学员的说教，而是使用策略技巧来引导他们主动参与学习。第六章所有内容都是关于这个部分的,包括了许多"不要这么做,试试这么做"的例子。

● 创建离开座位的学习机会。这个做法除了能被大多数困在椅子上的学员深深欣赏,吸引学员额外的感官知觉以增强记忆,促成更多的协作、讨论和想法分享之外,还能支持你"每小时 7 分钟休息"的策略。学员在休息时间磨磨蹭蹭的一个关键因素是他们希望多离开座位一会儿,所以在学习的时候给他们时间离开座位!

本章小结

　　成人学员有其独有的特点：他们有内在动机，想要自我引导；他们为学习活动带来生活经验和知识；他们有目标导向性、关联导向性，以及注重实用性的特点；他们喜欢被尊重，渴望成功。你的课程设计和指导选择需要尊重这些特质。你是否听过这样一句话——"当锤子是你唯一的工具时，每个问题看起来都像钉子"？现在，除了锤子，你还有很多工具。用它们来建立旨在解决工作表现问题的课程，并为成人学员提供他们走向成功所需要的环境和元素。

培训应用

　　在本章的开头部分，我要求你重读马尔科姆·诺尔斯（Malcolm Knowles）提到的成人学员的六个特征。你能牢记它们以便在设计中遵循它们是至关重要的。现在测试一下自己是否记住了它们。把它们写下来——或者在脑海中回忆它们。答案就在本章末尾，以便你可以检查你的作业——所以不要偷看哦！

成人学员的特征

1.

2.

3.

4.

5.

6.

章节任务

☐ 在你的办公桌上创建一个辅助工具来显示诺尔斯关于成年学员的六个特点，并使其视觉化、丰富多彩、引人注目。然后经常参考它。

☐ 确定每个培训要求是否确实是你的组织为实现成功所必需的。如果不是，请准备好拒绝在这样无意义的培训上浪费时间、金钱和精力。

☐ 在构建课程设计时，请参阅本书的第五、六、七章以及本章中的 ADDIE 模型。

☐ 每次准备开设课程时，请查看本章中的培训师策略。

☐ 在第十章中逐章回顾你的行动计划，并更新与本章内容相关的行动。

核对你的作业

以下是马尔科姆·诺尔斯提到的成人学员的六个特点：

● 成年人在学习一件事之前需要知道为什么它是重要的。

● 成年人有自己的概念,不喜欢别人把他们的意愿强加给自己。

● 成年人拥有丰富的知识和经验,并希望自己的知识得到认可。

● 当成年人认为学习可以帮助他们解决真正的问题时,他们会乐于学习。

● 成年人想知道学习如何能立即帮助他们。

● 成年人学习更依赖内在动机(相比外在动机)。

我努力的方向是什么?

用一半的时间，做更好的培训

你真的可以在一半的时间里做出更好的培训。如果你遵循这本书中的策略和想法，并且无所畏惧、踏实可靠，你会发现在任何时候都能做出更好的培训。

- 你可以进行更短的培训，而带来有意义的成果。
- 你可以将现有的课程浓缩为具有业务价值的短活动。
- 你可以满足学员对高效、满足其需求的学习体验的渴望，尊重他们的时间和注意力。
- 进行较短的课程，你反而可以取得比目前课程更好的结果。
- 而且，最好的一点是——与其继续以极快的速度满足可能有错的培训要求，不妨从被动完成培训要求转变为在你的组织中主动推动培训的发展！

当你实施这些章节中所列出的简单但强有力的策略时，你正通过创建备受追捧、吸引人的课程项目来树立自己的声誉。你将对自己的技能和能力越来越有信心，从而创建真正能帮助学员更好地发挥其作用的课程计划。你还将以创建实用性强、具有关键任务和增值效益的学习活动而闻名。而且你在这过程中将以更少的压力和更少的忙乱来达成上述成果。

当你需要的时候，回顾一下你在每章中所完成的"章节任务"。选择适合你的角色和项目的"章节任务"，并将它们添加到你的日历中。使用第十章中的工具为你的工作带来明确指示和动力。并与那些努力在更少的时间和更少的压力下创造和提供有意义的学习活动的伙伴和同事分享。

我知道你是一个忙碌的专业人士，你不可能去实践这本书里的每一个方法。没关系。但我也一样确信，在时间紧迫的时刻，其中的许多方法将成为你真正的救命稻草。这样一来，无论你在人才培养中扮演何种角色，你都能在工作中创造出空间，让自己喘口气，评估自己的能力，并采取切实可行的策略。

在所有章节中，我都鼓励你制订你自己的行动计划。现在花一点时间来考虑它（不管你使用的是第十章的逐章行动计划，还是所有章节内的"培训应用"和"章节任务"，或者其他系统），并选择你刚开始着手时选择的前三个优先事项。你选择的优先事项之一应该是你可以立即完成的事情——这更多的是一种鼓励而不是要求！记住贯穿整本书的主题——只有当你能运用所学的东西，学习才会转变为工作表现。

祝你好运。我热衷于分享我在这条路上学到的东西，让那些走同一条路的人在旅途中收获更多的乐趣,面临更少的挑战,并继续我自己的成长。我很高兴听到你对培训的想法和评论,以及有关书中提出的做法。欢迎访问我在 KimberlyDevlin.com 上的博客。

10

能够让目标实现的
工具是什么？

工作表、工作评估以及辅助工具

这里提供的工具是为了帮助你在一半的时间内提供更好的培训。有些是为了在你阅读本书的过程中支持你，有些是为了指导和帮助你执行书中的策略。请更深入地了解它们，将它们与你设计、开发的工具，分发给学员的工具进行比较，以帮助它们实现持续发展。那么这些资源如何帮助你拓展章节的内容，以及如何为你的学员构建同样的资源呢？

你可以从 KimberlyDevlin.com 下载这些工具的 PDF 版本，复制打印它们以供你的工作和项目使用。请始终在使用明确可见的版权信息标注以后复制并使用它们。

本书中包含的工具

引语：

✓ 评估：启动只用一半时间的更优培训。

✓ 工作表：逐章摘要表和行动计划。

第一章

✓ 评估：根据 5A 策略调整期望值。

✓ 工作表：根据 5A 策略调整终点线。

✓ 辅助工具：根据 5A 策略调整终点线。

第二章

✓ 工作表：赢得一席之地。

第四章

✓ 辅助工具：获取基本内容。

第五章

✓ 评估：如何利用培训前的时间。

✓ 辅助工具：管理者可以用来为员工制订学习计划的样本工具。

✓ 工作表：课前培训师电子邮件工作表。

✓ 辅助工具：来自培训师的示例电子邮件。

第六章

✓ 评估：你如何最大限度地利用有限的培训时间。

第七章

✓ 评估：如何利用培训后的时间。

✓ 样本工具：培训后的检查——学员版本。

✓ 样本工具：培训后的检查——管理者版本。

评估介绍: 启动只花一半时间的更优培训

目前,为了实现在时间紧迫的情况下创建和提供培训的目标,你和你的培训团队可能会手忙脚乱地使用诸如此类的应对策略:

- 将问题转嫁给学员,给他们布置一堆预习任务。

- 减少应用活动。

- 省略必要的基础知识以及练习简报。

- 以"我们可以下次再讨论剩下的内容"结束课程。

- 花费许多夜晚和周末试图为并不会带来意义的项目创造不合适的可交付性成果,并试图赶上不切实际的截止日期。

无论你的应对策略是什么,都是有希望的。这本书中提出的想法可以帮助你放缓步伐,学习如何在更短的时间内创造更好的培训。现在我们从以下三个问题开始:

1. 你想从这本书中得到什么?

2. 如果要在一半的时间里完成相同的培训,你将如何定义你目前面临的挑战?

3. 当你发现并探索本书中提出的想法、策略和技术时,你的行动计划实施策略是什么?(使用下面的工作表来帮助你构建一个行动计划。当你完成章节任务时,请将其放在手边。)

工作表介绍：逐章摘要表和行动计划

	概述	我得出的重要结论	我将怎么做
介绍	各种挑战推动了对学习的需求，推动了要求"一半时间内进行同样的培训"难题的解决，以及承诺你可以只花一半时间进行更好的培训。		1. 2. 3.
第一章	使用5A策略来完成你的项目(感激、肯定、询问、提出顾虑和替代方案)。		1. 2. 3.
第二章	在决策桌上占有一席之地，并保证你的讲话得到重视。		1. 2. 3.
第三章	在不忽视项目发起人的情况下，将学员需求作为首要任务的策略。		1. 2. 3.
第四章	使用两个强大的问题确定基本内容——成功是什么样的？这些内容是否使我们更接近目标？		1. 2. 3.

	概述	我得出的重要结论	我将怎么做
第五章	能够变相增加学习时间并提高学习活动有效性的预培训策略。		1. 2. 3.
第六章	提高学习活动有效性的培训策略。		1. 2. 3.
第七章	能够变相增加学习时间并促使学习内容转变为工作表现的培训后策略。		1. 2. 3.
第八章	为那些支持教学设计师的角色提供有效的学习和策略的理论入门读物。		1. 2. 3.
第九章	提示：如果你能坚持优秀教学设计的原则，并能坚持与学员保持联系，那么在一半的时间内进行更好的培训是现实可行的。		1. 2. 3.
第十章	工作表，评估和辅助工具可帮助你应用本书中的方法，并为你设置模型供你在课程设计中效仿。		1. 2. 3.

第一章评估：使用 5A 策略调整期望值

思考第一列中的模型的每个步骤和第二列中的相关操作。然后诚实地评估一下你今天做得有多好——不是你以前做得有多好，也不是你能做得有多好，而是你现在做得有多好。接下来，完成下面的表格。

模型步骤	步骤描述	做得非常好	做得很好	做得不好	完全不行
1——感激	真诚地感谢对方的邀请，并增进对培训要求的理解（感激）	❑	❑	❑	❑
2——肯定	认识到项目要求的重要性	❑	❑	❑	❑
3——询问	明确项目要求的细节	❑	❑	❑	❑
4——提出顾虑	以非对抗方式提出至关重要的担忧	❑	❑	❑	❑
5——替代方案	呈现选项	❑	❑	❑	❑

如果你的做法与我所推荐的不同，欢迎访问我在 KimberlyDevlin.com 上的博客，在上面用例子分享你的表达、策略和技巧。

你是如何让你的行动效益最大化的？

第一章中的哪种示例表达将改进你被评为"做得不好"的行为？

考虑一下你完全不行的项目，为什么它们完全不行呢？你觉得它们不属于你的责任或权力范围吗？那么谁可以帮助你为自己的角色创造发展空间？

第一章工作表：使用5A策略调整期望值

你的期望值调整计划是什么？参考下一页的辅助工具，在考虑你的沟通方式以及你对项目发起人及其要求的独特见解的情况下，来完成下面的工作表。

调整期望值

我计划的语言	可能发生的回应	我重新定向/探测性的问题
♯1 感激		
♯2 肯定		
♯3 询问		
♯4 提出顾虑		
♯5 替代方案		

自我检查：

在练习对话之前，进行自我反省，并根据需要修改你的计划。

1. 在"感激"步骤时，真诚是必不可少的。如果你说出自己写的话，你自己会当真吗？

2. "感激"和"肯定"两个步骤是关系建立的纽带。你是否准备用你计划好的词句来表达你的尊重？你会如何修改它们以提升其人际关系价值？

3. 你的替代方案是否实现了这三个目标？

☐ 保留初始课程要求包含的元素。

☐ 与你之前成功的案例进行比较。

☐ 明确说明替代方案将如何使请求者受益。

第一章辅助工具：用 5A 策略调整期望值

当你计划调整期望值的方法时，请考虑以下示例表达，以便在接下来的感激、肯定、询问、提出顾虑和替代方案步骤中使用。

1——感激

为了表示你对别人的帮助的感激之情，你可以这样做：

- "谢谢给我这个与您共同探讨的机会。"

- "我很感激您能将这项活动与绩效支持联系起来。"

- "我很荣幸能和您的团队一起探讨需求问题。"

- "感谢您能让我和您共同解决这个问题。"

- "我很感谢您能预先告知这个项目的要求——这很难得。"

- "谢谢您选择了我。"

要对所提出的要求表示赞赏，可以使用以下开放式问题：

- "你能告诉我你现在为什么要这么做吗？"

- "这项要求的推动力是什么或者是谁？"

- "你是如何达成这一提议的行动方案的？"

- "你有没有考虑或试过的替代方法？"

2——肯定

肯定是关于支持请求（和请求者）的，同时在请求最终会采取的方向上保持中立。

- "我知道这非常重要。"

- "我明白您的处境。"

- "当然，员工/小组/团队在转型过程中需要支持。"

- "是的，我同意时间很宝贵，我也发现您的团队在工作时遇到的操作限制。"

- "我知道您为此提出了很多想法和建议。"

- "我知道您是如何走到这一步的。"

- "是的，我很理解您的难处。"

- "正如您已做出的安排一样，这很合理。"

3——询问

记住将所述的预期结果分解成各自独立的部分，这里的关键问题是：

- "我对于……的理解正确吗？"

4——提出顾虑

从你最关心的问题开始：

- "我有一个顾虑……"

- "我们当然可以那么做。只是我在想……考虑如何尽可能避免……"

- "我们当然可以那么做。只是我担心您无法得到预期的效果。"

5——替代方案

考虑使用"开场白"将话题转移到替代方案上，例如：

- "当您建议我们……时，您启发了我一个想法……"

- "我很了解您是如何做到这一步的。不知您是否愿意聆听一下我的见解和一些略有不同的想法？"

- "乍看，这也许与您所要求的完全不一致。但其实它们有相同点,我相信这将是助您实现目标的一个好方法。"

- "我想您是一个能包容其他想法的人。不知您怎么看待
……"

- "我想跟您分享一些想法,听听您的意见。"

当你呈现替代方案时,可以使用以下表达将你的想法和项目发起人的想法以及与其希望实现的目标联系起来:

- "您建议我们……我同意(或者你赞同的某一具体部分)。我只是想补充说,我们也应当……"

- "如果我建议考虑一下……您怎么看待?"

- "基于我以前完成的项目的经验,我有信心更好地完成您的目标,如果我们能考虑……"

- "根据之前项目的相关经验,我想提出一些替代方案供您考虑……"

- "基于我以前做过的项目,我建议……"

- "我不断地在考虑,我的想法是……我实在很喜欢您在……的投入。"

- "所以,如果我们……"

- "如果,我们不选……而是……"

- "您知道我认为实现您这个项目真正的关键是什么吗?我建议我们应该考虑一下……"

如果你遇到了阻力,以下表达可以让你既坚持自己的想法,又不被认为是固执己见:

● "当然,最终的决定权在您手上。我只是强烈建议您能考虑一下……"

● "我认为我们该持有一种开放包容的思想。"

● "如果您仍然对其他的想法持开放态度,这些想法在我看来将有助于给您带来更好的结果,我很乐意把它们整合到一起呈现给您。"

● "我真的希望您这个项目能取得成功。我可以模拟一些我设想的例子供您参考吗?我们可以一起讨论下这些例子,看看哪种方法最有效。"

第二章工作表: 赢得一席之地

首先,确定以下哪些情况是在赢得决策桌席位后可以纠正的。选取所有符合的情景并添加未包括的任何相关动态。

我的客户——

☐ 当项目有与之相关的培训需求时,才让我参与,但为时已晚。

☐ 期望在不切实际的时间内设计和开展培训。

☐ 期待培训团队能孤立地开展培训(缺少与主题相关资源的有意义的投入和贡献)。

☐ 经常提供幻灯片给我,告诉我他们已完成了大部分工作,然后让我"把它变成培训"。

☐ 期望培训能解决学员的所有问题。

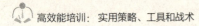

    ❑ 想要从提案中删除用于定制项目的基础条款。

    ❑ 经常说培训计划不需要太多——只需要一些"惹人注目"的（实则哗众取宠的）。

    ❑

    ❑

    ❑

    接下来，回顾你在过去 18 个月里完成的设计项目。对于每一项，要确定你完成了什么。考虑业务成果，而不是交付成果！

项目	取得的业务成果

最后，确认你的项目中的拥护者名单，罗列于下：

第四章辅助工具：获取基本内容

问题一： 成功是什么样子的?

思考问题一的变体有哪些。

● "在这次培训之后,您希望看到与现在培训还未开始相比有什么改变?"

● "学员完成培训后,应该能胜任些什么?"

● "什么样的培训后表现符合您的预期?"

● "为了达到我们可以衡量自己设计的解决方案的有效性,请用一句话概括你认为这次培训的目标是什么。"

● "在学员应该具备的所有技能中,哪一项对他的成功最为关键?"

● "有哪两件正在做或没有做的事情,会给你或公司带来最不想要的情况?"

● "员工们需要实现什么样的指标?"

● "参加者在绩效评估中将根据什么标准被评估?"

以下是一些后续问题的示例——用于探究、明确和添加特殊性。(注意:你的后续问题将取决于你对最初问题的回答。)

● "好的,那确切来说,需要通过哪些技能来领导呢?"

● "谢谢您的回答。那么高效管理者和低效管理者的区别是什么?"

● "您能告诉我员工为了达到这个要求需要做的三件具体的事情吗？"

● "对他们来说，达到目标最关键的行为是什么？第二重要的行为又是什么？"

问题二： 这会让我们更接近成功吗？

思考问题二的变化形式。

● "这会让我们更接近成功吗？如何做呢？"

● "您能告诉我这样做对实现您的目标有何好处吗？"

● "具体来说，在执行工作时，学员需要如何利用这些知识？"

● "这一内容与员工绩效要求之间的直接联系是什么？"

第五章评估：你如何充分利用培训前的时间？

思考第一栏中的每个行动，然后诚实地评估你今天做得有多好——不是你以前做得有多好，也不是你以后能做得有多好，而是你现在做得有多好。

我正在……	非常好	有改进的空间	根本做不好	能提高使用该策略能力的计划
在学员参加培训课程前通过微型培训吸引他们参与学习活动。	☐	☐	☐	

续表

我正在……	非常好	有改进的空间	根本做不好	能提高使用该策略能力的计划
为学员提供选择性参与的课前内容和练习（这不是课前阅读）。	❏	❏	❏	
引导管理者了解自己在培训前的角色和作用。	❏	❏	❏	
开发工具，使管理者了解课程内容和技能，以便与员工一起设定期望值。	❏	❏	❏	
创建管理者可以在培训前课程中使用的工具。	❏	❏	❏	
在培训前拟定需要培训师发送给学员的信息。	❏	❏	❏	
设计沟通活动，让管理者在培训前与员工进行分享。	❏	❏	❏	
为学员充分参与学习活动做好准备。	❏	❏	❏	
培养学员在参加培训课程之前对培训的兴趣。	❏	❏	❏	
在课程开始前设定对学员参与培训后表现的期望值。	❏	❏	❏	
利用课前预习任务来吸引学员（而不是大量阅读作业）。	❏	❏	❏	
在课程开始前通过提供自定进度的评估来节省上课时间。	❏	❏	❏	

第五章辅助工具：管理者可以用来和员工制订学习计划的样本工具

制订学习计划——选择1

这个示例规划工具以乔哈里视窗（Johari Window）的四象限（它最初是用作映射人格意识的模型）为基础。以下是一些你可以效仿的工具建模形式：

	自我已知的部分	自我未知的部分
对他人已知的部分	根据已知的员工的优势和劣势，由管理者和员工共同来确定学习目标。	管理者会仅根据自己了解的员工的优势和劣势来记录学习目标。
对他人未知的部分	员工会仅根据自己知道的优势和劣势来记录学习目标。	在培训前，这个部分将保持空白。在培训过程中，当这些盲区内的内容被双方发现时，员工将在这个象限添加描述。

制订学习计划——选择 2

　　此示例规划工具可用于跨越时间段的学习活动。上半部分将在培训前完成，下半部分将在培训期间完成。培训结束后，员工和管理者可以通过见面讨论来比较计划与实际课程体验，并决定员工的执行方法。

你将做出的贡献	你的学习目标
写下与这次培训相关的你的优势，以及你将如何利用这些优势在学习活动中做出贡献。	基于课程概述、学习目标以及你目前的发展需求，写下 3 个你将在课程中实现的学习目标： 1. 2. 3.
验证你的直觉 在此记录你在学习过程中收到的对目前做法的肯定或赞扬（你做得好的地方）。	**新发现** 在此记录你在学习过程中正在学习的内容，这些内容将为你的下一步行动提供信息。

制订学习计划——选择 3

如果选择了这个示例工具，你可以鼓励管理者和员工根据图形中每部分的大小比例创建一个参与计划。

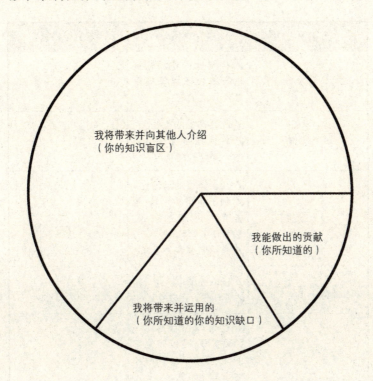

我将带来并向其他人介绍
（你的知识盲区）

我能做出的贡献
（你所知道的）

我将带来并运用的
（你所知道的你的知识缺口）

第五章工作表：课前培训师电子邮件工作表

使用此工作表来指导你起草培训师发送给学员的培训前信息。

因素	成功小贴士	我的起草语言
问候	✓ 强调此副本将需要进行编辑以能够匹配邮件发送的时间。	
点燃热情	✓ 陈述课程的益处。 ✓ 将课程内容（具体）与个人经验结合起来。	
设立期望	✓ 突出课程的互动性。 ✓ 列出所需要元素（预备工作、要带的东西、学习任务等）。 ✓ 介绍所有课外要求。	
分享预备工作	✓ 注入热情。 ✓ 指明预计完成的时间。	
分享学习目标	✓ 注重学习目标——如果需要，可以简化它们，以便于学员理解和增强第一印象。	
请求确认收据	✓ 确保收到信息并开始建立问责制课程文化。	
结尾	✓ 包括带有联系信息的签名行。	

第五章辅助工具：来自培训师的示例电子邮件

主题：施工服务系列承包项目所需的前期工作

上午好/下午好（自定）！

你是否和我一样激动？建筑服务合同拟定培训系列（"获得入住证书"）将于数周后开始，这将为你提供一个巨大的、专业的成长机会。作为学习前的预备工作，这封邮件的最后包含了本系列的总体目标。

这个多节课程将需要高度互动，并需要你在每节课中的积极参与，以及在会话之间和节目开始之前的少量的准备工作和练习活动。为了确保最好地利用面对面的时间进行讨论和辩论，这些作业必须在参加每次课程之前完成。

看看现在完成最初的前期工作是多么容易（而且有趣）！建议花 10～12 分钟完成。

预备工作

1. 阅读《泰坦尼克号沉没的真相》这篇文章，了解泰坦尼克号沉没的真正原因是什么。【此处应有一个链接】

2. 到达课堂时，准备讨论泰坦尼克号的文章与建筑服务合同的相关性。用以下问题来指导你的评论：

● 是什么因素导致了泰坦尼克号的沉没？

● 上一题中的因素是否会影响公司项目？影响的周期是多长

时间？

● 对于"泰坦尼克号"来说，或是对于一个组织的项目来说，谁该对这些决定负责？

● 你什么时候采取行动来避免未来可能出现的问题？（要具体！）

● 如何避免这样的结果？（要具体！）

系列目标

通过积极参与活动和任务，你可以培养以下技能：

1. 确认机构资源及其在建筑采购过程中的作用。

2. 使用最合适的方法和工具进行施工招标。

3. 遵循建筑采购方面的国家法律法规，同时考虑机构偏好。

4. 参考多种类型的承包商选择流程。

5. 按照施工规范管理施工项目。

6. 侦察欺诈、滥用或串通现象。

7. 按照既定的最佳实践完成一个建设项目。

如你能确认收到此份邮件，我们将不胜感激。

谢谢！

第六章评估：你如何最大限度地利用有限的培训时间？

思考第一栏中的每个行动，然后诚实地评估你今天做得有多好——不是你已经做得有多好,也不是你能做得有多好,而是你正在做得有多好。

我正在……	非常好	有改进的空间	根本做不好	能提高使用该策略能力的计划
设计能够吸引学员的活动。	❏	❏	❏	
设计能够让学员进行反思的活动。	❏	❏	❏	
设计能够让学员努力工作的活动。	❏	❏	❏	
设计能够让学员带有目的地玩的活动。	❏	❏	❏	
设计让学员在安全环境中失败的活动。	❏	❏	❏	
设计能帮助学员成功的活动。	❏	❏	❏	
创建能够挖掘内容,而不是将内容推给学员的课程设计。	❏	❏	❏	
通过设计选择来尊重成人学员的经验和现有知识。	❏	❏	❏	
挑战学员。	❏	❏	❏	
创建探索性学习活动,引导学员获得预先定义好的结果。	❏	❏	❏	
策划能够提供重要和有针对性的学习体验的学习活动。	❏	❏	❏	
为学员创建有意义的课程背景。	❏	❏	❏	

高效能培训：实用策略、工具和战术

续表

我正在……	非常好	有改进的空间	根本做不好	能提高使用该策略能力的计划
设计有意结合学员介绍的内容的介绍。	❏	❏	❏	
为个人目标设定课程安排时间。	❏	❏	❏	
确保课程活动要求学员应用内容,而不仅仅是回忆内容。	❏	❏	❏	
在学习过程中,为独立的和受引导的反思提供时间保障。	❏	❏	❏	
通过行动计划、应用任务和其他技术,在我的课程中整合即时行动。	❏	❏	❏	
在学习活动中运用多种学习感官。	❏	❏	❏	
通过给培训师在内部工作的选择机会来为他们提供支持。	❏	❏	❏	
通过创建具有有效布局和内容选择的主持人指南,为培训师提供支持。	❏	❏	❏	
通过使培训师资源易于定位和导航来为培训师提供支持。	❏	❏	❏	

第七章评估：你如何利用培训后的时间?

思考第一栏中的每个行动,然后诚实地评估你今天做得有多好——不是你已经做得有多好,也不是你能做得有多好,而是你正在做得有多好。

我正在……	非常好	有改进的空间	根本做不好	能提高使用该策略能力的计划
起草信息,让主持人在培训结束后发给学员。	❏	❏	❏	
起草沟通内容,供管理者在培训结束后与员工分享。	❏	❏	❏	
创建社交媒体讨论区,供学员在培训后相互协作。	❏	❏	❏	
将作业嵌入式应用任务构建到课程设计中。	❏	❏	❏	
开发学习加强针,在培训后的几天、几周和几个月里,定期注入对学习的重新关注。	❏	❏	❏	
促使管理者保持对培训后课程内容的关注和实施。	❏	❏	❏	
为管理者创建工具,用于在培训后肯定员工的努力,并促使员工继续努力。	❏	❏	❏	
让管理者了解培训后的资源以及为员工提供的加强针。	❏	❏	❏	

续表

我正在……	非常好	有改进的空间	根本做不好	能提高使用该策略能力的计划
指导管理者在培训后所担任的角色。	❑	❑	❑	
将评估纳入项目计划以支持学习结果转变为工作表现。	❑	❑	❑	

第七章样本工具：培训后的检查——学员版本

目的讨论：

1. 告诉你的直接上司，学习对你有什么好处。

2. 分享你实施新技能和新知识的计划。

3. 请求你成功养成新工作习惯所需要的支持。

课程时长：15 分钟

准备讨论：使用这个工作表来收集你的想法并计划你要分享的内容。

---

1. 告知你的直接主管学习对你有什么好处。

我所希望学习和做到的是：_____

我惊讶地发现：_____

参加这门课程并应用我所学到的知识对我的好处：_____

运用我所学到的知识对部门/组织有以下好处：_____

244

2. 分享你实施新技能和新知识的计划。

培训显示我应该继续：_____

根据我所学，我打算停止做：_____

我还计划开始：

- _____

- _____

- _____

3. 请求你成功养成新工作习惯所需要的支持。

通常，在我开始使用课程内容的下一个【时间段】(一周？两周？一个月？)中，如果可以……的话，会对我有所帮助……

并且，在支持我的继续、停止、开始计划(上图)中，我将非常感谢你的……

第七章样本工具：培训后的检查——管理者版本

目的讨论：

1. 从你的员工那里得到关于学习是如何使他受益的汇报。

2. 学习员工实施新技能和新知识的计划。

3. 提供员工能成功地养成新工作习惯所需要的支持。

课程时长：15 分钟

准备讨论：通过讨论用这些问题来帮助和激励员工。

1. 从你的员工那里得到关于学习是如何使他受益的汇报。

● 课程内容将如何帮助你提高你的表现?

● 你从中学到了什么让你感到惊讶?

● 参加课程对你有什么好处?

● 从课程中应用策略对你有什么好处?

● 当你运用课程的策略、工具和新知识时,你的部门/组织将会得到什么好处?

2. 学习员工实施新技能和新知识的计划。

● 通过培训证实你已经做得很好的是什么?(继续)

● 根据你的学习内容,你将停止哪些行为?(停止)

● 根据你结束课程后得到的所有想法,你打算在未来采取哪些不同的做法?(开始)

3. 提供员工能成功养成新工作习惯所需要的支持。

● 当你考虑下一个【时间段】(一周?两周?一个月?)以及你想做的改变时,我能做些什么来为你创造空间以做出这些改变?

● 以及,你具体需要我做些什么来支持你执行你的继续、停止、开始计划(如上)?

参考文献

ATD.（2014）. ATD Competency Model. Alexandria，VA：Association for Talent Development（ATD），formerly ASTD.

更多详情可访问 https：//www. td. org/certification/atd-competency-model.

BROAD M，NEWSTOM J W. *Transfer of Training：Action-Packed Strategies to Ensure High Payoff from Training Investment.* NewYork：Addison-Wesley，1992.

KIRKPATRICK D L，KIRKPATRICK J D. *Evaluating Training Programs：The Four Levels*，3rd ed. San Francisco：Berrett-Koehler，2006.

KNOWLES M. *The Adult Learner：A Neglected Species*，3rd ed. Houston，TX：Gulf，1984.

MCCAMBRIDGE J，WILTON J，ELBOURNE D R. Systematic Review of the Hawthorne Effect：New Concepts Are Needed to Study Research Participation Effects. *Journal of Epidemiology*，2013，March67(3)：267 - 277.

致谢

　　首先，如果不是我有幸遇到那些才华横溢、慷慨大方的专业人士，这本书就不可能问世。他们在对这本书的见解，对我的鼓励、指导以及为我重新定向和发展等方面所做的一切给我和这本书产生了深刻的影响。谢谢你，苏珊（Susan），谢谢你，罗尼（Ronnie）。

　　再者，如果没有 TPH 团队对我的指导、支持和忍耐，这本书也不可能问世。谢谢你们，凯特（Cat）和杰姬（Jacki）。

　　最后，我要感谢那些为我写这本书创造空间的人——谢谢爸爸、罗尼（Ronnie）、米克（Mick）和尼基（Nicky）。你们每个人都以不同的方式促成了这本书的诞生。

关于作者

金伯利·德芙林（Kimberly Devlin）兼任商业交流咨询公司（Poetic License，Inc.）的总裁一职以及培训与发展咨询公司（EdTrek，Inc.）的总经理。她专门帮助客户通过战略规划、组织广泛的培训活动、创建服务标准、认证培训师或采取其他措施来实现业务目标。

金伯利拥有迈阿密大学（University of Miami）新闻专业硕士和英语文学学士学位，并拥有学习和绩效专业认证证书（CPLP）。她充分利用自己的沟通技能、培训和发展资历，创造出高效、受欢迎的学习活动。她最具专业价值的项目之一是通过在线和面对面的帮助来培养其他行业专业人士的技能，还有就是写作。她的其他书籍包括《促进技能培训》（ATD 2017）和《客户服务培训》（ATD 2015），这两本书都囊括在畅销的"ATD 研讨会系列"（workshop series）中。

作为一名作家、教学设计师、主持人、演讲者和顾问，她拥有超过 20 年的行业经验，曾为美国和其他国家与地区提供技术援助，在国际和行业专门课程上发表演讲，并以 CPLP 试点先锋的身份出现在 ATD 的 *TD* 杂志上。

金伯利现居住在南佛罗里达州，她的爱犬经常提醒她：生活中除了专业成就之外，还有更多的事情要做。